왜 일하는가?

왜 일하는가?

지은이 | 조정민
초판 발행 | 2017. 5. 17
32쇄 | 2024. 12. 5
등록번호 | 제1988-000080호
등록된 곳 | 서울특별시 용산구 서빙고로65길 38
발행처 | 사단법인 두란노서원
영업부 | 2078-3333   FAX | 080-749-3705
출판부 | 2078-3331

책 값은 뒤표지에 있습니다.
ISBN 978-89-531-2856-9   03230

편집부에서 독자의 의견을 기다립니다.
tpress@duranno.com   http://www.duranno.com

두란노서원은 바울 사도가 3차 전도여행 때 에베소에서 성령 받은 제자들을 따로 세워 하나님의 말씀으로 양육하던 장소입니다. 사도행전 19장 8-20절의 정신에 따라 첫째 목회자를 돕는 사역과 평신도를 훈련시키는 사역, 둘째 세계선교(TIM)와 문서선교(단행본·잡지) 사역, 셋째 예수문화 및 경배와 찬양 사역, 그리고 가정·상담 사역 등을 감당하고 있습니다. 1980년 12월 22일에 창립된 두란노서원은 주님 오실 때까지 이 사역들을 계속할 것입니다.

밥벌이
삶
영성을
말하다

왜 일하는가?

조정민
지음

두란노

차례

프롤로그 6

우리는 왜 일하는가?

장례는 우리의 모든 일상을 멈춥니다. 고인 자신의 일상만이 아닙니다. 가족이나 친구, 친지의 부음을 들으면 하던 모든 일을 멈추고 고인의 영정 앞에 머리를 숙입니다. 그가 무슨 일을 했건, 심지어 어떤 사람이건 우리는 그 앞에 숙연해집니다. 언론인 시절에는 그의 삶과 죽음을 파헤치는 데 여념이 없었지만, 목회자가 된 후에는 고인의 죽음을 슬퍼하는 유족들을 위로하는 데 마음을 쏟습니다. 그리고 죽음이 삶을 멈추는 이유, 일상의 분주함을 멈추는 이유를 함께 돌아봅니다. 물론 장례식장을 벗어나기가 무섭게 우리는 다시 일상으로 회귀합니다. 일로 가득한 세상의 호흡 속으로 또다시 한순간에 빨려듭니다.

그런데 원래 일이 이렇게 많지 않았고, 본디 이토록 바쁘게 살지 않았습니다. 예전에는 나이 드신 분들의 여유로운 모습을 대하는 일이 어렵지 않았습니다. 동네 어귀 느티나무 밑에서 한

담을 나누시던 어른들, 가정의 대소사가 생기면 몇 날을 함께 지켜보며 기쁨과 슬픔을 나누는 틈틈이 잔소리를 늘어놓던 어른들, 누구 집에 숟가락이 몇 개인지 그리고 외지에 나간 자녀들이 어떻게 살고 있는지 이런저런 사정을 훤히 알려 주던 어른들…. 그분들은 어린 손자 손녀들까지 공동체의 삶 속으로 불러들여 우리가 어떤 일에 관심을 가져야 할지 무심결에 배우도록 했습니다.

이제 그런 일은 더 이상 우리의 관심사가 아닙니다. 무슨 일이 관심일까요? 그리고 무슨 일로 이토록 다들 바쁠까요? 이 바쁜 일에 묻혀 지내다가 어느 날 문득 왜 이렇게 바쁜지 허망한 생각이 드는 일은 없으신가요? 제게는 그런 시간이 찾아왔습니다. 나이 오십을 바라보는 때, 가슴이 아리도록 나를 뒤흔든 생각입니다.

'나는 왜 죽도록 일하고 있나?'

밥벌이 때문만은 아니었습니다. 경쟁심이나 시기심만도 아니었습니다. 전혀 없다고 할 수 없지만 그것 때문만은 아니었습니다. 솔직히 그 상태는 날마다 나를 너무 많이 의식하다 생겨난 일중독이었습니다.

때문에 쉴 줄 몰랐습니다. 쉬는 사람도 싫었습니다. 일로 질척거리는 사람은 외면했습니다. 관계의 균형이 무너진 사실을 몰랐습니다. 균형을 잃은 삶에 무슨 기쁨이 있겠습니까? 기쁨을 잃고도 무엇을 잃었는지 모르는 자들에게 찾아오는 불안, 그 불안을 떨치고자 하는 본능적인 몸부림 끝에 덜컥 십자가에 걸렸습니다. 알고 보니 예수님도 누구보다 바쁘셨고 꽤나 일을 좋아하셨습니다. 그런데 달랐습니다. 일하는 목적이 달랐고 일하는 방법이 달랐습니다. 곁눈질하다 배우기로 했습니다. 결론입니다. 배울 만합니다. 좀 더 강하게 말씀 드리자면 반드시 배워야 합니다.

"왜 일하는가?" 일해야 하기 때문입니다.

"왜 일하는가?" 분명한 목적이 있기 때문입니다.

"왜 일하는가?" 일은 생명의 가치를 더하는 선물이자 사랑이 흘러가는 소중한 통로이기 때문입니다.

평생 일에 묶여 살던 남편 곁을 지켜 준 아내가 고맙고, 일이 더 없는 쉼이라는 것을 삶으로 보여 주셨던 하용조 목사님이 그립습니다. 두란노 가족에게 늘 갚을 수 없는 사랑의 빚을 집니다.

2017년 5월
조정민

아, 힘들다….

제대로 살고 있는 것인가?
나는 왜 일하고 있지?

1

왜 이렇게 일이 많은가?

수많은 사람의 얼굴에 피곤이 묻어납니다. 다들 지친 얼굴입니다. 기쁨이 사라진 모습입니다. 사람들의 가장 흔한 인사는 안부를 묻는 것이 아닙니다.

"요즘 바쁘시지요?"

"네, 일이 끝도 없네요."

사실입니다. 정말 일이 끝도 없이 파도처럼 밀려옵니다. 한 가지 일을 마쳤나 싶으면, 또 새 일이 기다립니다. 어느 때는 일이 채 끝나기도 전에 새로운 일이 주어지기도 합니다. 일은 그야 말로 산더미 같습니다. 그러다 보니 직장마다 비명이 가득하고, 미생들의 얼굴에는 짙은 그늘이 드리워집니다. 나도 밀려드는 일에 짓눌리면서 시간을 보냈습니다. 칠십을 바라보는 나이인데 도 여전히 일이 많습니다.

그런데 왜 일해야 하는지, 무엇 때문에 일하는지를 잊어버리거나 어떤 일을 해야 하는지에 대한 심각한 고민과 결단이 없으면 일에 끌려가게 됩니다. 거대한 조직사회에서 마치 노예처럼 살게 되는 것이지요. 그리고 마침내 쏟아지는 일의 급류를 따라 어디로 가는지 모른 채 내 의지와는 상관없이 흘러가게 됩니다. 일은 도대체 어디서 시작된 것입니까? 성경은 일을 무엇이라 말합니까? 우리는 왜 일해야 합니까? 이 질문에 대한 답변을 찾는 여정을 통해 우리 모두 일에 대한 새로운 관점과 목적을 발견할 수 있기를 바랍니다.

어쩌다 우리는 아등바등 일벌레가 되었을까

26 하나님이 이르시되 우리의 형상을 따라 우리의 모양대로 우리가 사람을 만들고 그들로 바다의 물고기와 하늘의 새와

가축과 온 땅과 땅에 기는 모든 것을 다스리게 하자 하시고 27 하나님이 자기 형상 곧 하나님의 형상대로 사람을 창조하시되 남자와 여자를 창조하시고 28 하나님이 그들에게 복을 주시며 하나님이 그들에게 이르시되 생육하고 번성하여 땅에 충만하라, 땅을 정복하라, 바다의 물고기와 하늘의 새와 땅에 움직이는 모든 생물을 다스리라 하시니라 창 1:26-28

성경은 하나님이 일을 시작하셨다고 기록합니다. 하나님은 세상을 직접 만드셨습니다. 그 일을 '창조'라 합니다. 성경의 첫 권 창세기는 하나님이 무슨 일을 어떻게 시작하셨는지에 관한 기록입니다.

세상은 진화론에 물들어서 창조 이야기에는 관심을 두지 않습니다. 크리스천을 자처하면서도 진화론적 사고에 깊이 빠져 있는 분이 많습니다. '진화'는 자연과학 분야에만 쓰이는 단어가 아닙니다. 진화론적 사고는 인문, 사회, 과학에도 큰 영향을 끼쳤습니다. 사회발전론, 경제성장론 등에서 사용되는 성장, 발전 개념 자체가 진화론적 사고와 밀접한 관련이 있습니다.

그러나 한번 생각해 봅시다. 진화의 시초는 무엇입니까? 빅뱅입니까? 정말 그럴까요? 성경은 무에서 유가 되는 상황을 조성하신 분이 바로 하나님이라고 말합니다. 인간은 유에서 유로의 변화를 일으킬 뿐입니다. 무에서 유로 넘어가는 과정은 인간의 영역이 아니라 하나님의 영역입니다.

하나님만이 무에서 유를 만드십니다. 그게 창조입니다. 하나님은 태초에 천지를 창조하셨습니다. 하나님이 "빛이 있으라" 하시니 빛이 생겼습니다. 그러고 나서 어둠과 빛을 나누고, 밤과 낮이라 칭하셨습니다. 그리고 천지에 만물을 차례로 채우셨습니다. 천지창조의 클라이맥스는 사람입니다.

하나님은 사람을 자기의 형상대로 만드셨습니다. 또 남자와 여자로 만드셨습니다. 이 땅에 존재하는 생물들을 다스리고 만물을 관리하는 일을 맡기기 위해서입니다.

인간은 일하는 존재로 창조되었습니다. 피조 세계를 관리하고 보존하는 것이 사람의 책무입니다. 아파트에 관리인이 있고, 조직도 관리자가 있어야 잘 운영되듯이 온 세상을 관리할 책임을 인간에게 맡기신 것입니다.

관리자는 주인의 뜻을 잘 알아야 합니다. 한 나라의 대사는 본국의 입장을 대변하도록 파송된 사람이듯, 내 뜻이 아니라 나를 보내신 이의 뜻에 따라 일하는 것이 중요합니다.

인간은 이 땅에서 하나님의 뜻을 펼치기 위해 존재합니다. 하나님이 보시기에 좋았다고 하신 땅과 하늘과 바다를 지키고 다스리는 것이 1차 임무입니다. 하나님은 인간의 일이란 피조 세계를 다스리는 것임을 알려 주셨습니다(창 1:26, 28). 그 다스림은 하나님을 대신하는 일이며, 하나님을 드러내는 일입니다. 이 다스림을 통해 하늘과 땅이 연결됩니다. 창조주 하나님이 인간을 통해 자신을 피조물과 연결하신 것입니다.

하나님은 더구나 인간에게 전권을 위임하셨습니다. 관리와 위탁의 일을 주실 때 그 표시로 아담에게 모든 피조물들의 이름을 짓게 하셨습니다. 이름을 짓는 것은 창조에 버금가는 일입니다. 존재는 이름과 함께 있습니다. 이름이 있어야 존재하는 것으로 인정됩니다.

나는 지도를 볼 때마다 감탄합니다. 도시나 거리마다 이름이 있습니다. 또 헤아릴 수 없이 많은 동식물의 이름에 감탄합니다. 이름이 있어야 찾아가고, 이름이 있어야 식별합니다. 아담은 하나님이 주신 지혜로 많은 이름을 제각각 특성에 맞게 지을 수 있었습니다.

하나님은 인간의 첫 주거지로 에덴을 주셨습니다. 하나님은 무슨 일이건 할 수 있는 자유를 인간에게 주셨지만, 한 가지를 제한하셨습니다. 선과 악을 판단하지 말라는 것입니다. 그 일을 하면 반드시 죽을 것이라고 경고하셨습니다.

하지만 아담과 하와는 하나님처럼 된다는 말에 속아 기어코 선악과를 먹었습니다. 그런데 뜻밖에도 선악을 알게 되자 경험한 첫 사건이 바로 자기 자신을 부끄러워한 것입니다. 인간이 자기를 인식하자마자 갖게 된 첫 판단은 자기 존재에 대한 열등 감입니다. 인간이 자기 자신을 바라보고 느낀 첫 감정에 따라 스스로 선택한 행동은 자기 자신을 숨기는 것입니다. 그들은 나뭇잎으로 치마를 엮어 만들었고, 하나님이 "아담아, 어디 있느냐" 하고 부르실 때 숨었습니다. 하나님이 그들이 어디에 있는지 몰라서 찾으신 게 아닙니다. 그들이 스스로 자신을 발견하도록 하시는 부르심입니다. 하나님을 떠난 사람은 자기가 어디서 무슨 일을 하는지 모릅니다. 이것은 배워서 아는 게 아닙니다.

이 사건은 인간에게 엄청난 비극을 안겨 줍니다. 하나님이 아담과 하와에게 에덴 퇴거 명령을 내리셨습니다. 그들은 동쪽으로 옮겨 가면서 점점 더 복잡한 일에 휘말립니다. 첫 번째가 두 아들 가인과 아벨 사이에 벌어진 살인 사건입니다. 죄가 인간을 점령하기 시작하면 인간은 생명을 파괴하는 행위를 합니다. 살인자 가인은 자기 아들의 이름을 따서 에녹 성을 쌓고, 그 후손 라멕은 또 다른 살인을 저지릅니다.

성경은 "사람의 죄악이 세상에 가득함과 그의 마음으로 생각하는 모든 계획이 항상 악"하다고 말합니다(창 6:5). 인간은 정신없이 먹고 마시며 결혼하고 애를 낳습니다. 정신없이 바쁘게 사는데, 왜 모든 것이 악할 뿐이라고 말합니까? 하나님을 기억하지도 않고 하나님을 예배하지도 않으며 살기에 악하다고 말한 것입니다. 하나님을 떠나 사는 것 자체가 죄입니다.

에덴을 떠나 성을 쌓기 시작하면서 인간의 일은 걷잡을 수 없이 늘어났습니다. 하나님이 명령하신 일 외의 일거리를 만든 탓입니다. 사탄이 일의 목적을 훼손하고 그 대상을 바꿔 놓았기 때문입니다. 인간 안에 죄가 들어오면서 일은 걷잡을 수 없이 불어났습니다. 인간이 인간을 다스리면서 일은 눈덩이처럼 불었습니다. 죄인들이 끝없이 일을 만들고, 그 일을 이웃에게 떠넘기기 때문입니다.

왜 성을 쌓습니까? 불안하기 때문입니다. 인간은 무언가 부족하면 불안감을 느낍니다. 죄의 뿌리는 결핍, 즉 부족함에 있습니다. 하나님을 떠난 인간은 존재의 근원적인 불안을 느끼게 되고, 이 불안을 극복하기 위해 스스로 자기 성을 쌓습니다. 이것이 죄의 징표이자 죄인들이 살아가는 패턴입니다.

인간은 불안하면 스스로 안전감을 확보하고자 몸부림칩니다. 일생 먹고 남을 만큼 돈이 있어도 왜 돈을 더 법니까? 부족감 때문입니다. 모자란다고 생각하기 때문입니다.

'이 정도로는 노후까지 먹고살기에 충분하지 않다. 내 자녀의 자녀 세대까지 먹고살기에 부족하다.'

대체 얼마나 부족할까요? 미국의 석유왕 존 록펠러(J.D.

Rockefeller)에게 "돈을 얼마나 더 벌 생각입니까?" 하고 물었더니 이렇게 대답했다고 합니다.

"더 벌어야지요. 조금 더 필요하다고 생각합니다. 조금만 더 벌면 99달러가 100달러가 되고, 999달러가 1,000달러가 되니 말입니다."

남미에서 활동하는 한국인 사업가 대부분이 비슷한 고충을 털어놓습니다. 근로자들이 월급을 받고 나면 그다음 날부터 좀처럼 출근하지 않는다는 것입니다. 그러다가 한두 주 정도 지나서 돈이 떨어지면 다시 일하러 나옵니다. 돈이 생기면 놀고, 돈이 떨어지면 일하는 것입니다. 우리로서는 이해할 수 없는 일입니다. 하지만 그들은 한국인을 이해하지 못하겠다고 말합니다. 먹을 게 있는데 왜 일해야 하며, 돈이 있는데 왜 계속 벌어야 하느냐고 묻는다는 것입니다.

이탈리아의 작은 섬으로 휴가를 떠난 독일인 관광객이 어부에게 하루에 고기를 얼마나 잡느냐고 물었습니다.

"먹고살 만큼 잡아요."

"왜 더 많이 잡지 않으세요?"

"뭐하러 많이 잡아요?"

"그래야 돈을 모을 것 아닙니까?"

"돈을 왜 모아요?"

"그래야 나처럼 일을 쉬고 휴가를 떠날 수 있을 것 아닙니까?"

"보세요. 내가 지금 그렇게 살고 있지 않소? 당신이 휴가 온 이 섬에서 나는 지금 쉬엄쉬엄 일하며 살고 있잖아요."

일중독자에게
다가가시다

인간의 분주함은 노아의 홍수 때까지 계속되었습니다. 하나님이 보시기에 인간이 하는 일이 모두 악했습니다. 급기야 하나님이 인간을 지으신 것을 후회하십니다. 홍수 사건으로 노아 가족 8명만 살아남았습니다. 놀랍게도 이들의 후손도 아담의 후손과 동일한 삶의 길을 걷습니다. 노아 홍수로 심판을 받았지만, 인간은 하나님의 뜻을 거스르는 일들을 끊임없이 계속했습니다. 그들은 세상에 자기 이름을 내기 위해 하늘에 닿기까지 탑을 쌓았습니다. 바벨탑은 인간의 능력을 드러내고자 하는 탑입니다. 그래서 하나님은 언어를 흩으심으로 커뮤니케이션을 불가능하게 만드셨습니다.

원래 인간은 하나의 언어로 소통했습니다. 그러나 그 언어가 고작 자신을 드러내고, 하나님을 대적하는 데 쓰이는 게 전부라면 언어 소통이 무슨 소용 있습니까? 아무튼 인간의 언어가 혼잡해졌습니다. 서로 무슨 말을 하는지 모르게 되었습니다. 그 결과 뿔뿔이 흩어집니다. 소통할 수 없는데 어떻게 같이 삽니까? 소통이 되지 않는 것이야말로 생각보다 가혹한 형벌입니다.

하나님은 목적과 방향을 잃어버린 인간의 일하는 습관을 새롭게 하기로 하셨습니다. 그래서 갈대아 우르에 사는 한 사람을 선택하셨습니다. 우르는 메소포타미아 지역에서 번성했던 도시로서 오늘날 서울이나 도쿄나 뉴욕 같은 대도시입니다. 하나님은 그곳에서 바쁘게 살지만 기쁨을 잃어버린 한 사람을 찾아가십니다. 일터에서 고민하는 한 사람, 아브람입니다. 전해지는 이야기에 따르면, 그는 우상을 팔던 장사꾼이었습니다.

아브람은 '큰 아버지'라는 뜻입니다. 하나님은 나중에 '열국의 아버지'라는 뜻의 아브라함으로 이름을 바꿔 주십니다. 한 가문의 아버지에서 모든 사람의 아버지가 되게 하신 것입니다. 아브람이 하나님을 믿었기에 그 믿음의 보상으로 이름을 바꿔 주신 것입니다.

아브람이 무슨 일을 잘하거나 일을 많이 해서 하나님께 인정받은 것이 아닙니다. 하나님의 사람들은 일을 많이 하거나 잘해서 하나님의 자녀 된 신분을 회복한 것이 아닙니다. 오직 믿음으로 의롭다 함을 얻습니다.

창세기 12장에 보면, 하나님이 아브람의 삶의 자리에 불쑥 찾아오셨습니다. 그리고 말씀하십니다.

> ¹ 여호와께서 아브람에게 이르시되 너는 너의 고향과 친척과
> 아버지의 집을 떠나 내가 네게 보여 줄 땅으로 가라 ² 내가 너
> 로 큰 민족을 이루고 네게 복을 주어 네 이름을 창대하게 하
> 리니 너는 복이 될지라 ³ 너를 축복하는 자에게는 내가 복을
> 내리고 너를 저주하는 자에게는 내가 저주하리니 땅의 모든
> 족속이 너로 말미암아 복을 얻을 것이라 하신지라 창 12:1~3

아마도 아브람이 인생에 대해 철저히 고민하며 모든 일에
서 돌아서고 싶다는 간절함이 있었기에 하나님이 그 중심을 보
고 그를 찾아가시지 않았을까 싶습니다.

별 의미 없이 일하며 살아온 아브람, 왜 일해야 하는지 늘 고
민에 싸여 있던 아브람, 아내와의 사이에 자식 하나 없으므로 집
에 돌아가도 아무 기쁨이 없던 아브람, 자신이 어디서 와서 어디
로 가나 머릿속에 늘 죽음을 떠올리고 죽음 이후를 생각하던 아
브람입니다. 하나님이 그에게 찾아와 엄청난 제안을 하십니다.

서로 죽이고 빼앗고 자기 이름을 드러내기 위해 온 힘을 다
하며 살아가는 세상에 찾아와 문제를 일거에 해결해 주시겠다
는 것입니다. 자기 스스로 안전을 확보해야 하는 세상, 자기 성

을 쌓고 열쇠를 겹겹이 채운 금고를 숨겨 두어야 하는 바로 그곳에 오셔서 새로운 삶의 방식을 제안하십니다. 죄인의 방식이 아닌 의인의 방식을 말씀하십니다. 의심과 불신이 가득한 세상에서 믿음으로 사는 방식을 제안하신 것입니다. 일에 짓눌려 살아가면서 왜 그렇게 일을 많이 해야 하는지도 모른 채 마음 한구석에 끊임없이 갈등하는 우리 삶의 방식을 통째 바꿔 주시겠다는 것입니다.

하나님은 쉴 새 없이 일하는 사람 곁에서 가만히 지켜보다가 갑자기 그에게 물으십니다.

"내가 오늘 밤 너를 데려가면, 네 일이 무슨 소용 있니?"

많은 돈을 넣기 위해 금고를 집에 들여놓는 부자에게도 물으십니다.

"내가 오늘 밤 너를 불러 가면, 그 돈은 누가 다 쓸까?"

하나님은 늘 이 문제를 건드리십니다.

"네가 지금 어디에 있느냐?"

"너는 지금 무얼 하고 있느냐?"

"너는 지금 왜 그 일을 하고 있느냐?"

하나님이 우리를 찾아오시면, 일단 우리가 하고 있는 일에서 불러내어 그 일의 동기를 점검하는 시간을 갖게 하십니다. 아브람에게는 일가친척들과 함께 살던 삶의 근거지인 갈대아 우르를 떠나라고 명령하셨습니다. 당시 고향을 떠난다는 것은 현대의 이민과는 비교할 수 없는 큰 결단입니다. 중동권이나 무슬림권에서는 지금도 가족을 떠난다는 것이 죽음과도 같습니다. 생활근거가 되는 경계를 벗어나는 것은 목숨을 건 결정에 속합니다. 쌓아왔던 모든 것을 버리는 일이기 때문입니다. 그런데도 일단 떠나라고 하십니다. 많은 일을 두고 떠날 수 있습니까?

하지만 생각해 보십시오. 떠난다고 해서 별일이 있던가요? 휴가차 회사를 비우고 집을 떠난다고 해서 대단한 일이 벌어집니까? 해외여행을 가느라 한국을 비운다고 큰일이 생깁니까? 떠나도 별일 없습니다. 산더미 같은 일이라도 내가 없으면 누군가 그 일을 합니다. 우리의 관심은 일이지만, 하나님의 관심은 언제나 사람입니다.

일하는 인간에게
구원이란

하나님은 언제나 사람을 찾습니다. 아담이 범죄하고 숨자 아담을 찾으십니다. "아담아, 아담아, 네가 어디 있느냐?" 가인이 아벨을 살해하자 하나님이 아벨을 찾으십니다. "가인아, 네 아우 아벨이 어디 있느냐?" 하나님은 우리를 찾으시는 분입니다.

우리는 끊임없이 일을 찾고, 더 많은 일거리를 만들어 내지만, 하나님은 우리를 되찾는 일에만 관심 있으실 뿐입니다. 일에 빠져 하나님을 잊고 사는 사람들의 마음 문을 늘 두드리십니다.

저는 기업인들의 과로사를 애도합니다. 얼마나 열심히 살았겠습니까? 일터에서 얼마나 많은 시간을 보냈겠습니까? 얼마나 노심초사하며 회사 일에 매달렸겠습니까? 숱한 일을 밤낮없이 처리하느라 얼마나 바쁘게 살았겠습니까? 휴가인들 마음 놓고 다녀온 적이 있었겠습니까?

그러나 하나님이 가장 먼저 물으시는 것은 이것입니다.

"그런데 너는 왜 그렇게 많은 일을 했느냐?"

아브람은 하나님의 제안을 받아들여 우상 사업을 다 내려놓았습니다. 갈 바를 모른 채 일단 떠났습니다. 그러고 나서 이야기가 본격적으로 진행됩니다. 예수 그리스도에까지 이어지는 이야기입니다. 이 긴 이야기의 제목은 바로 '구원'입니다.

일하는 인간에게 구원이란 무엇입니까? 많은 일에서 벗어나는 것입니다. 훗날 돌이켜보면 별로 쓸모없음을 알게 될 오늘의 바쁜 삶에서 벗어나는 일인 것입니다.

두 아이가 길을 걷습니다. 이런저런 얘기를 나누며 천천히 길을 걷다가 한 아이가 갑자기 걸음을 재촉합니다. 같이 걷던 아이도 친구의 걸음을 따라잡기 위해 빨리 걷기 시작합니다. 아이가 더 빨리 걷기 시작합니다. 친구도 빨리 걸어 따라잡습니다. 아이가 달리기 시작합니다. 친구도 달립니다. 숨이 턱에 차도록 달립니다. 둘 다 어디로 가는지도 모른 채 달립니다. 그러다가 앞서 가던 아이가 돌부리에 걸려 넘어집니다. 넘어진 아이 위로 친구가 넘어집니다. 바닥에 엎드린 두 아이가 서로 묻습니다.

"너 어디로 가는 거야?"

"몰라, 나도…."

어디로 가는지도 모른 채 달려가는 아이와 죽을힘을 다해 뒤쫓는 아이가 바로 우리 모습 아닙니까? 어쩌면 둘 다 바닥에 누워서 다시 푸른 하늘을 보면서 잃어버린 하늘, 바다, 땅에 대해 생각할지도 모르겠습니다.

성도들이 흔히 하는 말이 있습니다. "바쁜 목사는 나쁜 목사다." 이 말을 들으면 움찔합니다. 마음에 찔려서 나는 바쁘지 않다고 연신 변명합니다. 만약 바쁘다면, 하나님 일로 바쁜지 자기 일로 바쁜지 점검하라는 사인으로 받아들입니다.

왜 일합니까? 왜 죽도록 일합니까? 왜 이토록 일이 많습니까? 무엇 때문에 바쁘게 삽니까? 하는 일마다 악할 뿐이라면 큰일 아닙니까? 죽어라고 일하다가 죽어서 가고 싶지 않은 곳에 간다면 큰일 아닙니까? 게다가 아무리 열심히 일해도 왜 사는 형편이 나아지지 않습니까? 혹시 잘못 일하고 있는 것은 아닙니까? 만약 하나님이 아브람에게 말씀하신 것처럼 내게도 제안하신다면 나는 어떤 결단을 해야 합니까?

우리는 내가 없으면 안 되는 일을 가지길 원하고, 거기에서 삶의 의미를 찾는 사람들에게 둘러싸여 있습니다. 쥐꼬리만한 권력만 주어져도 그걸 쥐고 흔들어서 누군가를 피곤하게 하지 않고는 못 견디는 사람들도 있습니다. 그들과의 얽히고설킨 관계 때문에 우리 삶이 너무 팍팍합니다. 하나님이 우리에게 맡기신 고유한 일을 저버리고 인간이 인간을 다스리는 일을 시작했기 때문에 벌어진 현상입니다.

하나님은 인간에게 자연을 다스리게 하셨고, 인간은 서로 사랑하고 섬기도록 하셨습니다. 그러나 죄인들은 권력에 탐닉합니다. 탐욕스런 인간들은 사람을 다스리는 데 집중합니다. 다른 사람들을 끊임없이 착취, 조정, 통제하며 자기 성을 쌓는 데 혈안입니다. 내 성이 위험에 처하면 누가 어떻게 되든 수단과 방법을 가리지 않습니다.

우리는 그칠 수 없는 일의 흐름 속에 삽니다. 하나님을 떠난 인간은 할 수 있는 게 일밖에 없습니다. 하나님이 우리에게 요구하신 일이 아니라 스스로 만들어 낸 일, 스스로의 이름을 드러내는 일들 때문에 어렵고 힘든 시스템을 만들어 가는 것입니다.

이 땅에서 무슨 일을 하며 살아갈지, 어떤 일에서 진정한 삶의 목적과 의미를 추구할 것인지를 함께 고민해 보기를 바랍니다. 일의 영성은 일의 우선순위를 가리는 일입니다. 다스림을 받아야 할 사람이 다스리는 일에서 먼저 벗어나는 일이야말로 구원의 제 길로 들어서는 첫걸음입니다.

우리는 일에 관한 영성을 배워야 합니다. 성경에 그 답이 있습니다. 말씀 안에서 바른 노동관, 바른 직업관, 바른 인생관, 바른 가치관, 바른 세계관을 찾아야 합니다. 말씀 가운데서 하나님이 우리를 지으신 이유, 부르신 목적, 보내시고자 하는 곳을 깨달아 간다면 바쁜 삶의 리듬 가운데서도 한발 더 떨어져 여유 있게 살 수 있을 것입니다.

그룹 토의

1	나의 직업은 무엇이며 어떤 일을 하고 있는지 적어 봅시다.
2	내게 일이란 무엇인지 한두 문장으로 정의해 봅시다. 왜 그 일을 하고 있는지 나누어 봅시다.
3	직업 외에 하는 일이 있습니까? 그중 하지 않아도 되는 일은 무엇이며, 꼭 해야 할 일은 무엇입니까?
4	일의 의미를 잊은 지 오래인 데다 만성 피로에 시달리고 있다면, 그 이유는 무엇이라 생각합니까?

무슨 일이 가장 중요한가?

'휴가 후유증'이란 말이 있습니다. 여름휴가를 다녀온 뒤에 일에 의욕을 잃는 것입니다. 월요병과도 같습니다. 금요일 오후에 살아난 몸과 마음이 주일 저녁이면 다시 무거워져서 월요일에는 일이 손에 잡히지 않는 사람이 많습니다. 주말 이틀을 쉬어도 월요일에 출근하기가 힘든데, 일주일이나 열흘 휴가를 다녀온 뒤에는 얼마나 더 힘들겠습니까?

월요병이나 휴가 후유증은 왜 생깁니까? 휴가 기간이 짧아서가 아닙니다. 휴식이 부족해서도 아닙니다. 일이 기쁘지 않아서 그렇습니다. 일에 대한 열정이나 소명 의식이 부족하기 때문입니다. 하는 일이 재미없고, 의미도 없다면 매일 아침 출근하는데 무슨 기쁨이 있겠습니까? 마치 도살장에 끌려가는 소 같은 심경이 아니겠습니까?

일이 싫어진 데는 여러 가지 이유가 있지만, 그 일이 하나님이 내게 맡기신 일이 아니기 때문입니다. '이 일은 하나님이 직접 내게 주신 것이다. 내 천직이다. 나는 이 일을 하다가 죽어도 좋다. 이 일은 돈이 안 생겨도 좋다….' 이런 마음이 드는 일을 찾아야 합니다.

공부하기 싫은 아이들이 학원이나 학교에 가기 싫어하는 것도 마찬가지입니다. 아무리 좋은 학원이나 학교에 보내도 소용없습니다. 공부하기 싫으면 배우는 것도 없습니다. 이때 필요한 것은 더 좋은 학원이나 더 유명한 과외교사를 찾는 것이 아니라 아이가 배움의 즐거움을 찾도록 돕는 일입니다. 비록 즐겁지는 않더라도, 아니 여전히 힘들고 고통스러울지라도 왜 공부해야 하는지 그 이유를 스스로 깨닫도록 돕는 것이 공부보다 먼저입니다.

과연 먹고사는 일이
정말 중요한가

　　지인 중에 정말 지혜로운 분이 있습니다. 걸핏하면 아들에게 공부하지 말라고 말하곤 했습니다. 실제로 대학교에 안 보낼 생각도 했습니다. 하루는 고3인 아들을 불러 대학 4년 학비와 생활비를 계산하고 나서 그 금액의 절반을 줄 테니 장사를 시작하라고 했습니다. 아들이 곰곰이 생각하더니 대학만 마치게 해 달라고 졸랐습니다. 하지만 그분은 여태 놀고선 대학에 어떻게 가겠느냐고 아들을 몰아붙였습니다. 아들은 며칠을 고민하다 혼자 학원을 찾아가 학원비를 반으로 깎아 와서는 몇 달만 도와달라고 간청했습니다. 대학 등록금은 어떻게 할 것이냐고 물으니 1년만 도와주면 나머지 3년은 자기가 벌어서 내겠다고 약속했습니다. 아들은 죽어라 공부하더니 결국 원하는 대학에 입학했습니다. 아이가 공부해야 할 이유를 스스로 발견하도록 돕는 것보다 중요한 과외는 없습니다.

　　우리는 왜 사는지 모른 채 살아갑니다. 왜 이 일을 해야 하는지 깊이 생각하지 않고 일을 시작합니다. 심지어 왜 교회에 다녀야 하는지도 따져 보지 않고, 남들이 가니까 생각없이 따라갑니다. 우리 사회의 교육이 그렇고, 가정이 그렇고, 신앙조차 그렇습니다. 왜냐고 물었다가 오히려 곤란을 겪기도 합니다.

그러나 유대인의 교육법은 다릅니다. 끊임없이 "왜"를 묻게 합니다. 서구에서는 "왜"를 뺀 교육은 생각조차 할 수 없습니다. 우리는 지금부터라도 "왜"라는 질문을 자주 던져야 합니다. 왜 이 일을 시작해야 하는지 묻지 않고 일하다가 후회한 적이 얼마나 많습니까? 지금 그 일에 열심을 내고 있다면 왜 그 일을 열심히 합니까? 중요한 일이어서요? 정말입니까? 그런데 그 일이 왜 그토록 중요합니까?

대개 우리는 '많은 사람이 하는 일'을 '중요한 일'로 여깁니다. 사실 그렇습니까? 많은 사람이 거짓말하면 거짓말이 중요한 일입니까? 많은 사람이 교통법규를 위반하고, 불법으로 주차합니다. 다수가 그렇게 하면 중요한 일이니까 나도 교통신호를 위반하고, 아무 데나 차를 세워도 되는 것입니까? 그 일이 왜 중요한지를 따져 보는 것이 우선이라면, 언제 어떻게 해야 할지를 생각하는 것이 다음입니다. 중요한 일은 언제 해야 합니까? 정말 중요하다면 왜 지금 그 일을 하지 않습니까?

우리는 먹고사는 일이 가장 절박하다고 말합니다. 그래서 가장 중요하게 여깁니다. 그러나 예수님은 다르게 말씀하십니다. 그래서 이 세상 기준과 충돌을 일으킵니다. 예수님은 의식주가 중요하다고 생각하는 우리의 의식을 흔들어 깨웁니다.

³¹ 그러므로 염려하여 이르기를 무엇을 먹을까 무엇을 마실까 무엇을 입을까 하지 말라 ³² 이는 다 이방인들이 구하는 것이라 너희 하늘 아버지께서 이 모든 것이 너희에게 있어야 할 줄을 아시느니라 마6:31~32

의식주를 해결하는 일은 중요하지 않다고 말씀하십니다. 그건 다 이방인들이 사는 방식이라고 규정하십니다. 성경에서 이 방인이란 하나님을 모르는 사람들을 지칭합니다. 하나님을 모르면 먹을 것, 마실 것, 입을 것이 가장 중요하겠지만, 하나님을 알면 그럴 수 없다는 것입니다. 왜 그렇습니까? 하나님은 아버지이시며 우리는 그분의 자녀이기 때문입니다. 하나님 아버지가 자녀의 의식주 문제 하나 해결해 주시지 않겠습니까?

의식주를 중요하게 여길 것인가, 아니면 예수님이 말씀하신 것처럼 중요하게 여기지 않을 것인가를 결정해야 합니다.

²⁵ 그러므로 내가 너희에게 이르노니 목숨을 위하여 무엇을 먹을까 무엇을 마실까 몸을 위하여 무엇을 입을까 염려하지 말라 목숨이 음식보다 중하지 아니하며 몸이 의복보다 중하지 아니하냐 ²⁶ 공중의 새를 보라 심지도 않고 거두지도 않고 창고에 모아들이지도 아니하되 너희 하늘 아버지께서 기르시

나니 너희는 이것들보다 귀하지 아니하냐 ²⁷ 너희 중에 누가 염려함으로 그 키를 한 자라도 더할 수 있겠느냐 ²⁸ 또 너희가 어찌 의복을 위하여 염려하느냐 들의 백합화가 어떻게 자라는가 생각하여 보라 수고도 아니하고 길쌈도 아니하느니라 ²⁹ 그러나 내가 너희에게 말하노니 솔로몬의 모든 영광으로도 입은 것이 이 꽃 하나만 같지 못하였느니라 ³⁰ 오늘 있다가 내일 아궁이에 던져지는 들풀도 하나님이 이렇게 입히시거든 하물며 너희일까보냐 믿음이 작은 자들아 마 6:25-30

예수님은 의식주를 걱정하는 자들에게 믿음이 작다고 말씀하십니다. 인생의 우선순위를 정하는 데 가장 결정적인 역할을 하는 것이 믿음입니다. 하나님이 누군지를 알면 누구나 믿게 되어 있습니다. 어린아이가 아버지를 믿는 것처럼 믿으라고 하십니다. 예수님은 육신의 아버지도 자녀의 필요를 외면하지 않는데, 하물며 하늘 아버지가 하늘 자녀들을 모른 체하시겠느냐고 반문하십니다.

¹¹ 너희 중에 아버지 된 자로서 누가 아들이 생선을 달라 하는데 생선 대신에 뱀을 주며 ¹² 알을 달라 하는데 전갈을 주겠느냐 ¹³ 너희가 악할지라도 좋은 것을 자식에게 줄 줄 알거든 하

물며 너희 하늘 아버지께서 구하는 자에게 성령을 주시지 않
겠느냐 하시니라 눅 11:11~13

결론은 무엇입니까? 의식주가 가장 중요한 문제여서는 안
된다는 것입니다. 그렇다면 인간에게 가장 중요한 것은 무엇입
니까? 먹고사는 문제보다 영적인 문제가 훨씬 더 중요합니다.
하늘 아버지께서 말씀하십니다. 가장 중요한 것부터 받으라고
말씀하십니다. 바로 성령입니다. 악한 아버지라도 자녀에게는
좋은 것을 줄 줄 아는데, 하늘 아버지께서 하찮은 것부터 주시겠
습니까?

인간은 짐승이 아닙니다. 인간은 만물과 달리 영적인 존재
입니다. 인간은 물질이 더 중요하다고 말해서는 안 됩니다. 물질
이 전부라고 말하는 유물사관에 빠질 일도 아닙니다. 인간은 눈
에 보이는 것만으로 절대 만족하는 법이 없습니다. 세상 전부를
가진다 해도 마음은 채워지지 않습니다. 우리 마음은 하나님이
우리와 함께하려고 만드신 하나님의 처소이기 때문입니다. 그러
니 주님이 그곳에 계시지 않으면 절대로 만족할 수 없습니다. 주
님이 계시면 평안이요 계시지 않으면 불안입니다.

아기는 엄마 품에 있어야 평안합니다. 가득 채워진 젖병이
줄지어 있고, 기저귀가 산더미처럼 쌓여 있고, 장난감이 온 방에

가득해도 엄마가 옆에 없으면 소용없습니다. 엄마가 있어야 울음을 그칩니다. 엄마만 있으면 아기는 바랄 것이 없습니다. 본능적으로 생존에 가장 중요한 것이 무엇인지를 알기에 엄마부터 찾는 것입니다. 아이는 엄마가 주는 것은 따지지도 않고 받아먹고 마십니다. 아이는 엄마가 정한 우선순위를 거부하지 않고 순종합니다. 이것이 믿음입니다.

예수님은 인생에서 무엇이 진짜 중요한지를 가르쳐 주십니다. 인간은 하나님의 지혜를 들어야 합니다. 하나님의 지혜는 인생의 가장 분명한 사용 설명서입니다. 세상에 정신없이 끌려가면 하나님이 말씀하신 우선순위와는 반대로 살게 됩니다. 사람에게 진실로 중요한 것이 무엇인지 알기 위해 우리는 성경을 읽습니다. 바른 신앙은 나의 우선순위를 존중해 달라고 하나님께 나아오는 게 아니라 하나님의 우선순위를 따르기 위해 하나님께 나아가는 믿음입니다. 먼저 해야 할 일을 먼저 하지 않고 미루다가 결국 죽음 앞에서 허둥대며 후회하는 것이야말로 인생에 가장 흔한 일입니다.

주님은 어떤 일을 먼저 해야 할지를 구체적으로 가르쳐 주십니다. 바로 하나님의 뜻에 합당한 일을 언제나 '먼저'하라고 하십니다.

예물을 제단 앞에 두고 먼저 가서 형제와 화목하고 그 후에
와서 예물을 드리라 마 5:24

대부분 예배가 가장 중요하다고 생각합니다. 물론 중요합
니다. 그런데 예수님은 그것보다 형제간에 잘 지내는 것이 더 중
요하다고 말씀하십니다. 그래서 예배드리러 왔다가도 싸운 일이
생각나거든 당장 찾아가서 화해부터 하고 오라고 하십니다.

사람을 사랑하는 일은 무엇보다 중요합니다. 가정을 섬기는
일은 무엇보다 중요합니다. 그런데 이 중요한 일들을 먼저 합니
까, 아니면 급한 회사 일이 먼저입니까? 아무리 급한 일이 있다
고 해도 중요한 일을 먼저 해야 하지 않겠습니까? 물론 중요하고
급한 일이 있습니다. 그런 일을 미루어서는 안 됩니다. 그러나 우
선순위에 대한 혼란은 인생 전체를 혼란스럽게 만듭니다.

죽음을 앞둔 사람은 두 가지 후회를 한다고 합니다.

'왜 내가 더 사랑하지 않았나, 왜 내가 다 용서하지 않았나.'

왜 죽을 때 이런 후회를 하겠습니까? 되돌아보니 인생 전체
를 통틀어 그것이 가장 중요하기 때문입니다. 그렇게 중요한 일
을 살아 있을 때, 시간 있을 때 해야 하지 않겠습니까?

그래서 오늘 결단해야 합니다. 먼저 사랑하고 먼저 용서하
고 먼저 화해하십시오. 이것이 돈 벌고 유명해지는 일보다 더 중

요합니다. 자기 자신만을 추구하다 가정이 망가지고 관계가 어그러지고 성품이 타락한다면 얼마나 큰 손실입니까?

> 외식하는 자여 먼저 네 눈 속에서 들보를 빼어라 그 후에야 밝히 보고 형제의 눈 속에서 티를 빼리라 마 7:5

내게 큰 단점이 있는데도 다른 사람의 작은 허물을 찾는 데 열심이라면 이것 역시 우선순위가 뒤바뀐 것입니다. 다른 사람을 비판하기 전에 자기 자신부터 돌아보라는 말씀대로 행한다면, 아마 미디어가 이토록 비판적인 기사로 차고 넘치는 일은 없을 것입니다.

> 눈 먼 바리새인이여 너는 먼저 안을 깨끗이 하라 그리하면 겉도 깨끗하리라 마 23:26

예수님은 겉보기에 멀쩡한 종교인들, 특히 많은 사람에게 존경 받는 종교 지도자들에게 가혹하십니다. 두 눈 뜨고 있는 사람을 "눈먼 바리새인이여"라고 부르십니다.

"이 눈먼 자야, 먼저 네 속부터 깨끗이 해라. 너는 매일같이 겉을 깨끗이 단장하지만, 그게 먼저가 아니다. 그게 중요한 게 아니다. 중요한 것은 속에 있다. 속이 먼저다. 속을 깨끗이 하면 겉은 저절로 깨끗해진다."

듣기에 거북할 정도로 날카롭게 지적하십니다.

우리는 타락한 시대, 음란한 시대를 살아가고 있습니다. 너무나 바쁘게들 살아갑니다. 왜 이런 세상이 되었을까요? 우선순위가 바뀌었기 때문입니다.

예수님은 세상의 우선순위를 뒤집기 위해 오셨습니다. 예수님의 세상 뒤집기는 지배층과 피지배층을 바꾸는 단순한 혁명이 아닙니다. 사실 하나님의 눈에는 부자나 가난한 사람이나 차이가 없고, 대통령이나 9급 공무원이나 차이가 없습니다. 모두가 죄인일 뿐입니다. 예수님은 가치관과 세계관의 우선순위를 뒤집으십니다. 이것이 주님의 방법입니다.

예수님은 세상에서 우리를 불러내십니다. 그리고 완전히 다른 세계관과 가치관을 가지고 세상으로 돌아가게 하십니다. 진정한 믿음을 가진 사람, 그런 믿음으로 새로워진 인생을 살아내는 사람들로만 세상은 변하기 때문입니다.

예수님은 공생애를 시작하기 전에 우선순위를 뒤집는 일부터 하셨습니다. 광야에서 40일 금식하시자 마귀가 유혹합니다.

"배고프지? 넌 능력이 있으니까 돌로 떡을 만들어 먹어 봐. 금강산도 식후경이야. 먹고 살아야 메시아 일도 할 거 아냐?"

예수님이 선언하십니다.

"사람은 떡으로만 사는 존재가 아니다. 사람은 하나님의 말씀으로 산다."

돈을 끝없이 찍어 내도 왜 이토록 부족합니까? 산더미처럼 물건을 생산하고도 왜 부족합니까? 돈만 있으면 산다고 믿는 사람들 때문입니다. 물질만으로도 풍족한 삶을 살 수 있다고 생각하는 사람들 때문입니다. 그러나 사람은 돈으로만 사는 존재가 아닙니다. 사람은 물질만으로 살 수 있는 존재가 아닙니다. 사람은 하나님께 힘입어야 삽니다. 예수님은 정말 중요한 것은 하나님 나라이며 하나님과의 관계라고 말씀하십니다. 물질은 그다음이요 돈도 그다음이라고 귀에 못이 박이도록 말씀하십니다.

예수님은 이 이야기의 결론을 이렇게 말씀하십니다.

그런즉 너희는 먼저 그의 나라와 그의 의를 구하라 그리하면 이 모든 것을 너희에게 더하시리라 마 6:33

영적인 것을 먼저 추구하라는 것입니다. 영원한 것은 눈에 보이지 않습니다. 영원한 것을 추구하기 위해 눈앞에 보이는 걸 버리는 행위는 절대 어리석은 삶이 아닙니다. 보이지 않는 걸 추구하는 게 믿음입니다. 보이는 걸 추구하는 건 열심과 실력만 있으면 됩니다. 그리고 그 믿음은 신념이나 자기확신과는 다릅니다.

우리는 여기에 동의하지 않는 사람들이 압도적으로 많은 세상에 살고 있습니다. 그래서 예수님의 말씀을 들으면 혼란스럽습니다. 믿음은 오히려 고통을 초래합니다. 날마다 내면에서 세상 질서와 하나님 나라의 질서가 충돌합니다.

사도 바울이 그러한 고통을 체험했습니다. 육신의 소욕과 성령의 소욕이 서로 부딪치는 것을 경험했습니다. 그는 "오호라 나는 곤고한 사람이로다 이 사망의 몸에서 누가 나를 건져내랴"(롬 7:24)라고 자신에게 탄식했습니다.

뭣이 중헌지는
예수님이 아신다

예수님은 인생에서 가장 중요한 일을 먼저 하도록 우리를 부르십니다. 제자가 된다고 해서 세상의 성공이 보장되는 것은 아닙니다. 세상이 정한 우선순위에서 벗어나는 것에서부터 시작해야 하므로 어떤 의미에서는 일단 실패를 경험합니다. 그리고 십자가로 인도됩니다. 십자가는 옛 질서와 옛 가치관에 젖어 있는 내가 죽어야만 변화가 일어난다는 사실을 보여 줍니다. 이것이 인생의 우선순위를 바꾸는 유일한 길입니다.

> 그러나 그가 먼저 많은 고난을 받으며 이 세대에게 버린 바
> 되어야 할지니라 눅 17:25

정말 중요한 일을 시작하면 예상하지 못했던 고난을 겪고 때로는 주변 사람들에게 버림받습니다. 어쩌면 홀로 남겨질 수도 있습니다. 그래도 이 길을 가시겠습니까? 예수님이 불러서 따라나선 길인데 갈수록 험하고 가파른 길을 만날 수 있습니다. 어느 순간 도저히 내 힘으로 갈 수 없는 지점을 만납니다. 어떻게 해야 제자도를 계속해서 따를 수 있습니까?

예수님은 날마다 죽어야 제자가 될 수 있다고 말씀하십니다.

> 또 무리에게 이르시되 아무든지 나를 따라오려거든 자기를
> 부인하고 날마다 제 십자가를 지고 나를 따를 것이니라 눅 9:23

세상 사람들은 자기 성취를 위해 살아갑니다. 오늘날에는 집사, 권사, 장로가 되는 것도 자기 성취로 여기곤 합니다. 심지어 목사로서 자기 성취의 길을 가기 위해 신학교를 택하는 사람도 적지 않은 것이 현실입니다.

예수님은 자기 성취가 아니라 자기 부인이 제자도의 본질이라고 말씀하십니다. 그러나 자기 부인을 먼저 하는 사람이 얼

마나 됩니까? 제자의 길을 가더라도 자기 성취를 갈망하는 우리 생각과는 정반대 아닙니까?

자기를 부인하는 사람이 먼저 가는 곳이 하나님 나라입니다. 하나님 나라는 일찍 출발했다고 해서 먼저 도착하는 곳이 아닙니다. 뒤늦게 출발해도 자기를 부인한 사람이 먼저 들어가는 곳입니다. 자기 부인은 단순히 시간이 지난다고 되는 일도 아니고 훈련 받는다고 되는 일도 아니기 때문입니다.

> 그러나 먼저 된 자로서 나중 되고 나중 된 자로서 먼저 될 자
> 가 많으니라 막 10:31

나는 바른 영성이 곧 능력이라고 믿습니다. 능력 중의 능력은 반드시 해야 할 일을 하는 것이며, 먼저 해야 할 일은 먼저 하고 나중에 할 일은 나중에 하는 것입니다. 또한, 반드시 해야 할 일을 하지 않는 사람, 안 해도 되는 일에 귀중한 시간을 허비하는 사람들을 깨우쳐서 참으로 가치 있고 의미 있는 일에 동참하도록 하는 것이 진짜 능력이라고 믿습니다.

선한 사마리아인의 비유를 보십시오. 길에서 강도를 만나 피 흘리며 죽어 가는 사람이 있는데, 제사장이 피하여 지나가고 레위인도 그냥 지나쳤습니다. 요즘으로 치면, 강도 만나 사경에 빠

진 행인을 목사도 피하고 장로도 외면한 것입니다. 결국 피 흘리며 죽어 가는 사람의 목숨을 누가 구했습니까? 유대인이 아닌 사마리아인이었습니다. 오늘날의 불신자입니다. 교회 다니는 사람들은 도움이 필요한 사람을 보고도 다 예배드리러 가는데 교회도 안 다니는 사람이 그를 구한 셈입니다. 예수님이 물으십니다.

"누가 그 사람의 이웃이냐?"

내 선한 이웃이 어디 있나 찾아 헤매는 우리 모두에게 물으십니다.

"너는 대체 누구의 이웃이냐?"

신앙은 선한 이웃을 찾는 일이 아니라 누군가의 선한 이웃이 되는 삶입니다. 그런 삶을 위해 예수님은 우리를 종교의 굴레에서 해방시키셨습니다.

1세기의 크리스천은 당시 종교인들이 볼 때는 종교가 없는 사람들이었습니다. 종교인들은 크리스천들에게 충격을 받았습니다.

"당신들의 성전이 어디 있소?"

"우리는 성전이 따로 없습니다."

"그럼 제사를 어떻게 드린단 말이오?"

"우리는 제사를 드리지 않습니다."

"그렇다면 제사장도 없소?"

"제사장이 따로 없습니다. 각자가 제사장이니까요."

"이런, 무신론자들이구먼."

무엇이 중요합니까? 휴가가 중요합니까? 쉼이 중요합니까? 의식주가 중요합니까? 생명이 중요합니까? 진정으로 중요한 일은 무엇입니까? 큰 교회 건물에 들락거리는 것입니까, 아니면 예수님의 지체가 되는 것입니까? 목사나 장로의 직함을 얻는 것이 중요합니까, 예수님의 말씀대로 사는 것이 중요합니까? 주일마다 꼬박꼬박 형식적인 예배를 드리는 것이 중요합니까, 매일의 삶이 예배가 되는 것이 중요합니까? 우리는 날마다 이것을 물어야 합니다.

"무엇이 중요한가? 왜 해야 하는가?"

우리 인생은 정말 중요한 일만 하기에도 턱없이 짧습니다. 자칫하면 평생 무엇이 중요한지도 모른 채 살다가 갈 수도 있습니다. 중요한 일을 먼저 해야 하는 까닭은 언제 떠나게 될지 모르기 때문입니다. 인생이 긴 것 같지만 금방입니다. 게다가 온 순서대로 떠나지도 않습니다. 누가 먼저 떠나게 될지 모릅니다. 누구든 떠날 준비를 하고 살아야 합니다. 가장 아름다운 준비는 가장 중요한 일을 먼저 하며 사는 것입니다.

무엇보다도 먼저 예수님을 믿으십시오. 성령을 받으십시오. 하나님을 아버지로 만나십시오. 그러면 중요한 일을 먼저 하게 됩니다. 중요한 일과 사소한 일을 구분하는 데 갈등이 사라집니다. 먼저 용서하고, 먼저 사랑하고, 먼저 화해하십시오. 이 일을 먼저 하지 않은 사람들은 눈감을 때 예외 없이 후회합니다.

사람들의 이야기보다 예수님의 말씀을 먼저 들으십시오. 세상의 지혜보다 하나님의 지혜에 귀 기울이십시오. 미디어에 차고 넘치는 이야기를 믿기보다 성경에 기록된 말씀을 먼저 믿으십시오. 그러면 나중에 출발해도 먼저 도착합니다. 어디에요? 영원입니다.

1 지금 하는 일을 시작하게 된 계기가 무엇입니까? 하나님의 인도하심이 있었습니까?

2 혹시 먹고 살기 위해 어쩔 수 없이 일하고 있지는 않습니까? 일에서 기쁨을 느끼지 못하는 이유는 무엇입니까?

3 나에게 가장 중요한 것은 무엇입니까? 내가 소중히 생각하는 것을 순서대로 다섯 가지만 꼽아 봅시다. 그리고 시간을 많이 할애하는 일을 순서대로 다섯 가지만 적어 봅시다.

내가 소중히 여기는 일	내가 시간을 많이 할애하는 일
1.	
2.	
3.	
4.	
5.	

4 하나님의 우선순위는 무엇이라 생각합니까? 하나님의 우선순위와 나의 우선순위를 비교해 보고, 내가 바꾸어야 할 사항은 무엇인지 나누어 봅시다.

하나님의 우선순위	나의 우선순위

일을 언제 어떻게 시작하나?

신앙생활을 하면 일이 줄어듭니까, 아니면 늘어납니까? 영적인 삶을 살면 일이 줄어들 것 같습니까, 아니면 늘어날 것 같습니까? 일은 줄 수도 있고 늘 수도 있습니다. 영적으로 산다고해서 일을 안 하게 되거나 일이 줄어들지는 않습니다. 영적인 삶이란 그런 차원이 아니라 무슨 일을 하건 동기와 태도가 바뀐다는 뜻입니다. 무엇 때문에 일하는지에 관한 목적의식이 새로워지고, 어떻게 일하느냐에 관한 방법이 달라지는 것입니다.

성경에선 일의 우선순위를 잘 판단하는 것이 지혜라고 말합니다. 일의 우선순위를 알지 못하고 행동하면 실타래가 꼬인 것처럼 엉키게 됩니다. 일반적으로 우리는 일을 시작할 때 누가, 언제, 어떻게에 관심을 갖습니다. 그러나 그보다 더 중요한 것이 있습니다. 왜 그 일을 시작해야 하는가와 과연 마칠 수 있겠는가를 따져 보는 것입니다.

계산을 잘해야
할 수 있는 일

예수님은 일을 시작할 때 무엇을 가장 먼저 해야 하는지를 가르쳐 주십니다. 바로 우선순위를 바르게 정하고 나서 일을 시작해야 합니다.

> 28 너희 중의 누가 망대를 세우고자 할진대 자기의 가진 것이 준공하기까지에 족할는지 먼저 앉아 그 비용을 계산하지 아니하겠느냐 29 그렇게 아니하여 그 기초만 쌓고 능히 이루지 못하면 보는 자가 다 비웃어 30 이르되 이 사람이 공사를 시작하고 능히 이루지 못하였다 하리라 눅 14:28~30

예수님은 제자도에 관해 가르치다가 망대 건축 이야기를

하셨습니다. 망대는 성을 지키는 데 필요한 것입니다. 그런데 망대를 세우기 전에 준공하기까지 들어갈 비용을 계산해 봐야 합니다. 왜 그래야 합니까? 짓다가 중단되어서는 안 되기 때문입니다. 만약 예산상의 문제로 공사가 중단된다면, 성을 지키지도 못할뿐더러 흉물스럽게 방치될 게 아닙니까. 학교나 병원을 짓다가 중도에 그만두어도 조롱거리가 될 텐데, 안전에 가장 중요한 시설을 짓다가 그만두면 얼마나 말이 많겠습니까?

더 심각한 문제는 온갖 문제점이 대적에게 노출된다는 것입니다. 첫째는 망대를 세울 능력조차 없다는 게 드러나고, 둘째는 공사 중단으로 시비가 끊이지 않음으로써 내부 갈등이 깊어지고 있음을 보이는 것입니다.

주님은 이 비유를 통해 천국 잔치에 초청받고도 여러 가지 핑계로 참여하지 않는 자들에게 따끔하게 말씀하십니다. 예수님의 제자가 되겠다고 나섰다가 이런저런 사정으로 이탈하는 사람들을 향한 일침입니다. 예수님을 따르는 길은 충분히 따져 보고 나서야 합니다. 왜냐하면, 영원한 것을 소유하기 위해서 영원하지 않은 모든 것을 포기할 각오가 되어 있어야 하기 때문입니다.

²⁶ 무릇 내게 오는 자가 자기 부모와 처자와 형제와 자매와 더욱이 자기 목숨까지 미워하지 아니하면 능히 내 제자가 되지

못하고 27 누구든지 자기 십자가를 지고 나를 따르지 않는 자도 능히 내 제자가 되지 못하리라 눅 14:26~27

예수님은 제자의 길을 가기 위해 치러야 할 대가에 관해 이렇게 말씀하십니다.

먼저 모든 가족을 미워해야 합니다. 부모, 처자, 형제, 심지어 자기 목숨까지도 미워해야 합니다. 너무 부담스러운 말씀 아닙니까? 그러고 나서도 한 가지가 더 있습니다. 자기 십자가를 지고 예수님을 따라야 합니다. 제자도의 비용이 어느 정도인지 감이 잡힙니까?

그냥 설렁설렁 따라오겠다고 하면 이런 얘기를 안 하실 것입니다. "나는 예수님의 팬입니다. 예수님이 인기 있을 동안만 따라다닐 테니까 너무 무리한 요구는 하지 마세요"라고 한다면 얘기가 달라집니다. 그러나 만약에 "나는 예수님을 끝까지 따르겠습니다. 진짜 제자가 되겠습니다"라고 한다면, 그 비용을 계산해 보라는 것입니다. 왜냐하면, 자기 전부를 드리는 올인(all in)을 각오해야 하기 때문입니다.

그러면 가족을 미워하지 않으면 예수님의 제자가 될 수 없습니까? 이 말씀을 문자 그대로 해석해야 합니까?

정작 예수님은 어떻게 하셨는지 살펴보겠습니다. 가나 혼인

잔치 때 예수님의 어머니가 포도주가 떨어졌으니 문제를 해결해 달라고 했습니다. 그때 예수님이 어머니를 미워하여 부탁을 거절하셨습니까? 아닙니다. 물이 변하여 포도주가 되는 기적을 베푸셨습니다. 십자가에서 최후를 맞는 순간에는 어떻게 하셨습니까? 어머니 마리아를 미워하여 시선도 마주치지 않고 외면하셨습니까? 아닙니다. 시선을 맞추었을 뿐만 아니라 제자 요한에게 어머니의 여생을 부탁하셨습니다. 형제들은 어떻게 대하셨습니까? 형제를 미워해서 제자의 길을 따라오지 못하게 하셨습니까? 그렇게 하셨다면 어떻게 동생 야고보가 예루살렘 교회의 지도자가 될 수 있었겠습니까?

예수님은 어떤 의도로 이 말씀을 하시는 겁니까? 예수님을 따른다는 건 진리의 길을 가는 것이고, 진리를 추구하는 길이란 사사로운 모든 것들에서 벗어나야 한다는 의미입니다. 진리의 길은 그냥 주어지지 않습니다. 진리의 길은 엄청난 대가를 요구합니다. 예수님의 팬이 되어 따르다가 싫으면 떠나버리겠다는 생각이나 계산으로는 결코 진리의 길을 갈 수 없습니다.

주님은 제자가 되려면 먼저 대가로 지불해야 할 비용 계산을 정확히 해보라고 하십니다. 망대를 짓다 마는 것처럼 우스꽝스럽게 살지 말라는 것입니다. 진리의 길을 가는 것이 부모 자식 다 버리고 갈 만큼 중요한 가치냐를 따져보라는 것이지요. 이 계산 방식에 승복할 수 없으면 제자가 될 수 없습니다. 제자의 길을 나서서도 안 됩니다.

'자기 십자가'란 골고다 언덕에서 자신이 못 박힐 형틀을 말합니다. 예수님보다 자신을 더 좋아하는 사람이 어떻게 십자가를 지고 갈 수 있겠습니까? 그렇다면 자기 의지로는 예수님을 따르지 못한다는 얘기가 아닙니까? 결국, 예수님을 내 생명보다 더 중요하게 여겨야 십자가를 질 수 있다는 뜻입니다.

진리는 세상적 가치가 아닙니다. 진리는 초월적 가치입니다. 땅의 어떤 것과도 바꿀 수 있는 가치가 아닙니다. 내가 가진 것으로 얻을 수 없고, 나 자신 전부를 드린다 해도 얻을 수 있는 그 무엇이 아닙니다. 만에 하나, 인간이 인간의 힘으로 얻을 수 있고 이를 수 있다면 예수님은 공연히 십자가를 지신 것입니다.

예수님은 우리 안에 거하시는 것이 목적입니다. 우리 안에 하나님 나라가 도래하도록 하시는 것이 목적입니다. 그래서 먼저 우리의 눈을 뜨게 하십니다. 하나님 나라에 눈뜨게 하십니다. 예수님이 가장 먼저 선포하신 메시지는 하나님 나라가 가까웠다는 새로운 소식입니다. 하나님 나라를 향해 순례의 길을 나선 모두에게 즉시 발걸음을 돌이키라고 선포하신 것입니다.

예수님은 천국의 가치를 알면 어떤 일이 벌어지는지를 가르쳐 주십니다. 밭에 보물이 묻힌 것을 알면 전 재산을 팔아서라도 그 밭을 살 것입니다. 진짜 값진 진주 하나를 발견하면 자기가 가진 모든 진주를 팔아서 그것을 살 것입니다. 우리가 어떤 일을 주저하는 이유가 무엇입니까? 계산이 끝나지 않았거나 계산을 잘못했기 때문입니다. 예수님은 우리의 계산 방식을 점검해 보라고 하십니다.

다음 비유는 더 직설적입니다.

> 31 또 어떤 임금이 다른 임금과 싸우러 갈 때에 먼저 앉아 일만 명으로써 저 이만 명을 거느리고 오는 자를 대적할 수 있을까 헤아리지 아니하겠느냐 32 만일 못할 터이면 그가 아직 멀리 있을 때에 사신을 보내어 화친을 청할지니라 눅 14:31~32

전쟁을 시작하려면 과연 승리할 수 있을까를 따져 보지 않을 수 없습니다. 아무래도 못 이길 것 같으면 화친을 청하고, 전쟁을 단념해야 합니다. 이길 전쟁이면 하고, 못 이길 것 같으면 아예 싸우지 말라는 것입니다. 전쟁은 생명을 비롯해서 전부를 걸어야 하는 일이기 때문입니다. 목숨을 잃더라도 승리를 얻을 수 있다면 해야 하겠지만, 목숨도 잃고 패할 게 뻔하다면 왜 시작합니까?

왜 주님은 망대 이야기 뒤에 전쟁 이야기를 더하실까요? 주님을 따라간다는 것은 확실한 승리의 싸움을 하러 가는 길이기 때문입니다. 패배가 두려우면 싸움에 뛰어들지 말라는 것입니다. 최후 승리가 믿어지지 않으면 빨리 그만두라는 것입니다. 교회가 무엇인지를 오해하면 내가 크리스천이 아닌데도 크리스천이라고 착각하고 다닙니다. 교회가 되는 진정한 비용 계산을 해 본 적이 없기 때문에 신앙의 길을 가다가 망설이고 넘어지는 사람이 많습니다. 처음엔 신앙생활을 잘 하다가도 계산이 맞지 않는다는 것을 발견하고 도중에 떠나는 사람이 얼마나 많은지 모릅니다.

고속도로를 달리다 보면 졸음운전이나 과속에 대한 경고문이 심심찮게 눈에 들어옵니다. 졸음운전을 하다가는 다 잃습니다. 또한 5분 먼저 가려고 과속하다가는 50년을 먼저 가게 됩니다. 누가 5분과 50년을 바꾸겠습니까? 5분 빨리 도착하게 해 줄 테니 여든 살까지 살 것 없이 서른 살에 저세상으로 떠나라고 한다면, 누가 서로 먼저 가겠다고 싸우겠습니까? 계산을 정확히 못한 탓에 사고를 냅니다.

다른 예를 들어 봅시다. 5분 만에 영생을 얻을 수 있다면, 50년을 살고도 영생을 얻지 못할 삶과 바꾸겠습니까? 어떻게 계산해야 할까요? 확실하다면야 주저할 사람이 없을 것입니다. 그러나 의심에서 벗어나지 못하면 결정하기가 쉽지 않을 것입니다.

이때 무엇이 결정을 좌우합니까? 다른 어떤 것도 소용없습니다. 오직 바른 믿음입니다. 영생이 있음을 믿고 아는 사람은 결정하기가 어렵지 않습니다. 그러나 영생이 있는지, 구원이 있는지 잘 모르는 사람이라면 결정이 쉽지 않습니다. 오히려 거꾸로 결정하지 않겠습니까?

세상이 알지 못하는
영원의 잣대

짐 엘리엇(Jim Elliot) 선교사의 순교 이야기는 잘 알려져 있습니다. 휘튼칼리지를 졸업한 짐은 오랫동안 준비한 끝에 1952년 스물일곱 나이에 친구 네 명과 함께 에콰도르 선교사로 파송되었습니다. 그러나 복음 한마디 제대로 전하지 못하고, 1956년에 원주민들에 의해 전원이 살해되고 말았습니다. 더욱 놀라운 사실은 그들이 총을 갖고 있으면서도 전혀 사용하지 않고 순교했다는 것입니다. 맹수들에게서 자신을 보호하기 위해 총을 가져 갔을 뿐 복음을 전해야 할 대상을 죽이기 위해 가져간 것이 아니라는 이유로 막다른 상황에서도 총을 쏘지 않았습니다.

이야기는 거기서 끝나지 않습니다. 그의 아내 엘리자베스가 남편을 무참하게 죽인 아우카족을 다시 찾아간 것입니다. 흥미롭게도 그들은 여자를 해치는 것을 비겁한 짓으로 여기는 풍속 때문에 엘리자베스를 죽이지 않았습니다. 그녀의 담대한 전도로 부족 전체가 복음을 받아들였고, 10년 후엔 선교사들을 죽인 장본인 '키모'가 부족 최초로 목사가 됐습니다. 또한 순교한 선교사들의 자녀 중 두 명이 아버지가 순교한 강가에서 세례를 받았으며 엘리엇의 딸은 아우카족과 함께 살았습니다. 짐 엘리엇이 순교한 지 36년이 지난 1992년에 순교 현장에서 신약성경 봉헌 예배가 드려지기도 했습니다.

짐 엘리엇은 서른 살도 채우지 못하고 젊은 나이에 죽었습니다. 그가 학교 다닐 때 쓴 일기장에 이런 글귀가 쓰여 있습니다.

"영원한 것을 얻기 위해 영원하지 않은 것을 버리는 일은 결코 어리석은 선택이 아니다."

그는 이 계산을 하고 선교지로 갔습니다. 정확히 계산한 뒤에 영원을 바라보고 떠난 것입니다. 현장에 가서 한번 계산해 보자고 하지 않았습니다. 만약에 그랬더라면 순간의 계산으로, 창을 들고 달려드는 원주민들을 향해 총을 쐈을 것입니다. 그랬다면 아우카족은 아무도 예수님을 믿지 않았을 테고, 아마도 그는 살인을 자책하며 선교사를 그만두지 않았을까요?

그러나 당시 짐 엘리엇과 네 청년의 계산법에 관한 세상의 평가는 냉정했습니다. 시사 사진잡지 〈라이프〉(Life)는 이렇게 평가했습니다.

"이 무슨 불필요한 낭비인가!"(What an unnecessary waste!)

크리스천의 계산 방식을 제대로 이해하지 못한 대표적인 사례입니다. 세상의 눈에는 이들의 죽음이야말로 가장 헛돼 보입니다. 양쪽의 계산은 이토록 극과 극입니다. 짐 엘리엇은 복음 한마디 못 전하고 순교했지만, 그가 얻은 열매가 얼마나 큽니까?

진리의 길은 설령 목숨을 버리더라도 영원한 생명을 얻기에 결코 어리석은 선택이 아니라는 계산을 끝내고 가야 하는 길입니다. 이런 계산을 해본 적 없이 남이 간다고 그냥 따라갈 수 있는 길이 아닙니다. 소풍 가듯 나섰다가 시험 들면 떠나고 사람이 싫어지면 돌아서는 그런 길이 아닙니다.

예수님의 말씀대로 계산해 보고 더 이상 세상 방식의 계산에 연연하지 않아야 복음의 발걸음이 시작됩니다. 복음이 전하는 것이 다름 아닌 생명이기 때문입니다. 생명은 "전부가 아니면 아무것도 아닌 것"(all or nothing)입니다. 그래서 사도 바울은 그리스도를 따르면서도 세상의 계산 방식을 버리지 못하는 사람들을 안타까워하며 이렇게 말했습니다.

만일 그리스도 안에서 우리가 바라는 것이 다만 이 세상의
삶뿐이면 모든 사람 가운데 우리가 더욱 불쌍한 자이리라

고전 15:19

바울은 예수님을 만나기 전에는 현세적 가치관을 가지고 계산하며 살았습니다. 그는 출생부터 유력한 바리새인으로 그의 앞길은 성공이 보장되었습니다. 그러나 예수를 만나고 나서는 그의 계산 방식이 달라졌습니다. 바울은 세상에서 성공할 수 있는 길을 쓰레기처럼 여기고 버렸습니다. 그러면서 현세적인 가치를 놓고 계산하고 따지는 크리스천이야말로 그 누구보다 불쌍한 사람이라고 단언합니다.

예수님의 방식대로
시작과 끝을 맺으라

솔직히 사람들은 저마다 자기 계산에서 벗어나지 못합니다. 망대를 짓는 사람들만이 아니라 가게를 새로 내는 사람이든, 결혼을 앞둔 사람이든, 군 입대를 앞둔 사람이든, 새 직장으로 옮기는 사람이든 누구나 나름대로 비용을 계산합니다.

그런데 잣대가 제각각입니다. 저마다 손에 든 자의 눈금과 길이가 다릅니다. 30cm짜리 자를 든 사람은 그 이상을 재지 못합니다. 2m짜리 줄자를 가진 사람도 그 이상은 못 잽니다. 두 번, 세 번 재면 되지 않겠느냐고요? 정말 긴 것은 짧은 것으로 잴 수가 없습니다. 수십 km나 되는 것을 30cm 자로 잴 수 있겠습니까? 평생 재다가 시간 다 보내지 않겠습니까?

무한대를 어떻게 잽니까? 영원한 것을 어떻게 잴 수 있습니까? 그래서 이 땅의 잣대로 재는 방식을 포기하고 버리라는 것입니다. 이것이 부모 형제를 미워하고 자신도 미워하라는 말의 진정한 뜻입니다. 무한대는 무한이라는 잣대로, 영원한 것은 영원이라는 잣대로만 잴 수 있습니다. 세상에 그런 물건은 없지만, 그런 존재는 있습니다. 바로 예수님입니다. 예수님과 함께 새로운 일을 시작하려면 예수님의 계산 방식을 존중해야 합니다. 그분이 하시는 말씀에 귀를 기울여야 합니다.

예수님은 자신을 이렇게 소개하십니다.

나는 알파와 오메가요 처음과 마지막이요 시작과 마침이라

계 22:13

예수님은 "처음부터 마지막까지"이십니다. 예수님이 역사를 시작하셨고, 예수님이 끝내실 것입니다. 그러니 계산을 누구에게 맡기는 것이 좋겠습니까? 자기의 계산 방식을 고집하겠습니까, 아니면 예수님의 계산 방식을 존중하고 의지하는 것이 낫겠습니까? 중간에 왔다가 중간에 가는 사람이라면 처음부터 끝까지 계시는 분께 셈을 맡기는 것이 더 낫지 않겠습니까? 시작점이자 끝이신 분이 이렇게 시작하라 하시면 이렇게 하고, 저렇

게 끝내라 하시면 저렇게 끝내는 것이 정답 아니겠습니까?

어떻게 일을 시작하고 마쳐야 할지에 관해 말씀을 들어보십시오.

> 너희가 이같이 어리석으냐 성령으로 시작하였다가 이제는 육체로 마치겠느냐 갈 3:3

예수님과 시작한다는 것은 영적인 삶이 시작된다는 의미입니다. 영원의 길, 진리의 길을 걷기 시작했다가 옛날 방식으로 계산하지 말라는 것입니다. 무슨 일이건 자기 계산이 아니라 하나님의 계산 방식으로 시작하는 것이 정답입니다. 그런데 끝이 흐릿해서는 안 됩니다. 성령으로 시작한 일을 자기 일로 만들어 욕심으로 그르친다면, 얼마나 어리석습니까? 그런데 그런 일이 얼마나 잦습니까? 도중에 계산 방식이 바뀌어서 그렇습니다. 보이지 않는 가치를 추구하다가 보이는 것들에 현혹되어 계산을 잘못한 것입니다.

공자는 "아침에 도를 깨달으면 저녁에 죽어도 좋다"(朝聞道 夕死可矣)는 말을 남겼습니다. 그리스도를 아침에 알면 저녁에 죽어도 좋을 만큼 주님은 대단한 분입니다. 이 사실을 세상 모든 사람들이 알기를 간절히 바랍니다.

너희 안에서 착한 일을 시작하신 이가 그리스도 예수의 날까지 이루실 줄을 우리는 확신하노라 빌 1:6

내가 시작한 일은 내가 끝내도 됩니다. 그러나 일을 시작하신 이가 예수님이라면 그분이 그 일을 이루실 것입니다. 주님이 끝까지 책임져 주실 것을 믿고 가십시오. 그런 믿음이 있어야 완주할 수 있습니다. 그러려면 자기 계산에 매여서는 안 됩니다. 명분 있는 일을 하다가 자기 계산에 얽매여 소탐대실 하는 일이 얼마나 많습니까?

무기 거래는 뒷돈 때문에 늘 말이 많습니다. 그런데 최근에는 무기의 성능 자체가 문제 되기도 했습니다. 도대체 어떻게 계산했기에 군인의 안전을 지키지도 못하는 무기들이 버젓이 만들어지고 또 병사들에게 지급됩니까? 어떻게 군인의 안전만이 아니라 국민의 안전, 또한 자기 자신의 안전을 위협하는 이토록 어리석은 결정을 할 수 있습니까? 공해를 유발하는 기업들도 마찬가지입니다. 그 공해가 누구에게 되돌아갑니까? 이 세대만이 아니지요. 두고두고 올 세대에게까지 위험을 초래할 결정을 어떻게 그토록 쉽게 내릴 수 있습니까? 짧은 계산, 우매한 계산 방식입니다.

그러므로 선한 일을 할 때는 낙심하지 말아야 합니다. 낙심은 짧은 계산, 우매한 계산 방식의 결과입니다. 내 계산과 어긋나더라도 절대 흔들려서는 안 됩니다. 선한 일을 시작했다면 그것으로 족해야 합니다. 도중에 포기하지 않는다면 하나님이 반드시 하나님의 때에 이루실 것입니다. 그러니 중단하지 마십시오. 포기하지 마십시오. 낙심하지 마십시오.

우리가 시작할 때에 확신한 것을 끝까지 견고히 잡고 있으면
그리스도와 함께 참여한 자가 되리라 히 3:14

믿음으로 시작한 일은 끝까지 붙잡아야 합니다.

어떤 기준으로 일을 시작해야 합니까? 내가 할 수 있는가 없는가가 기준이 아닙니다. 나에게 유리한가 불리한가가 기준이 아닙니다. 과연 하나님의 뜻에 맞는 일인가 아닌가가 기준입니다. 과연 하나님이 기뻐하시는 일인가 근심하시는 일인가가 기준입니다. 정말로 하나님이 원하시는 일인가 싫어하시는 일인가가 중요합니다.

믿음의 계산을 끝내고 나서 일을 시작해야 합니다. 믿음은 능력보다 큽니다. 모든 일을 시작하기 전에 하나님의 뜻부터 점검해야 합니다. 하나님의 뜻이라는 믿음이 있으면, 그 일은 이미 성공한 것입니다. 잠시의 성공이 아니라 영원한 성공입니다. 잠

시의 즐거움이 아니라 영원한 기쁨입니다.

그러면 언제 일을 끝내야 합니까? 하나님의 일은 내가 끝낼 수 없습니다. 시작과 마찬가지로 끝내는 것도 내 뜻대로 할 수 없습니다. 하나님의 일에 참여하는 것이 기쁨이고 평안입니다. 그래서 족합니다.

하나님이 원하시는 일, 기뻐하시는 일, 하나님의 뜻에 합당한 일이라면 끝까지 굳건하게 붙드십시오. 그 일은 그리스도의 일이며 나는 참여자요 증인일 뿐입니다. 그럴 때 빼앗길 수 없는 기쁨과 평안이 있습니다. 결코 흔들리지 않는 평안입니다.

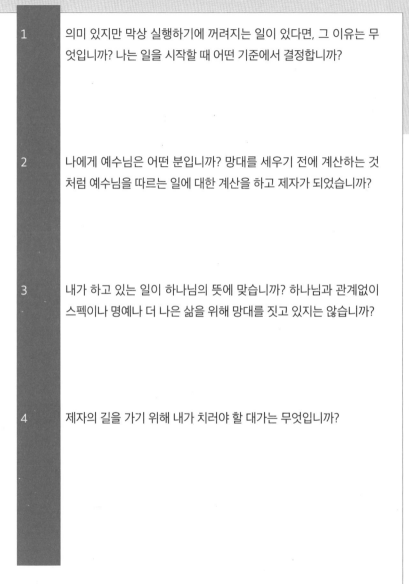

1   의미 있지만 막상 실행하기에 꺼려지는 일이 있다면, 그 이유는 무엇입니까? 나는 일을 시작할 때 어떤 기준에서 결정합니까?

2   나에게 예수님은 어떤 분입니까? 망대를 세우기 전에 계산하는 것처럼 예수님을 따르는 일에 대한 계산을 하고 제자가 되었습니까?

3   내가 하고 있는 일이 하나님의 뜻에 맞습니까? 하나님과 관계없이 스펙이나 명예나 더 나은 삶을 위해 망대를 짓고 있지는 않습니까?

4   제자의 길을 가기 위해 내가 치러야 할 대가는 무엇입니까?

4

일과 쉼의 균형은 어디인가?

사람은 생각하는 존재입니다. 동시에 사람은 일하는 존재입니다. 따라서 무슨 일이건 이 일을 왜 해야 하나, 어떻게 해야 하나 끊임없이 생각하게 마련입니다. 그리고 그 생각을 통해서 자신이 하는 일의 가치를 발견하고 인생의 의미를 찾아갑니다. 그래서 일은 우리의 영성과 불가분입니다.

어떤 일이건 우리가 일을 반복하게 되면 그 일이 우리의 영혼을 빚기 시작합니다. 때문에 닥치는 대로 일하기보다는 무슨 일을 할 것인지, 어떤 태도로 일할 것인지 기준을 가져야 하고 결정해야 합니다. 그 일을 건너뛰면 우리 인생은 전혀 예상하지 못했던 길로 접어듭니다.

누구나 젊은 시절에 직면하는 가장 큰 고민은 평생 무슨 일을 하며 살 것인가 하는 문제입니다. 재능과 주어진 기회가 잘 맞아 떨어지면 다행이지만 그러기가 쉽지 않습니다. 재능이 있어도 온전히 발휘할 수 있는 직업을 갖기가 어렵고, 막상 재능을 살려 직업을 가져도 일생 기쁨을 맛보면서 일하기란 쉽지 않습니다.

대부분의 사람들이 일단 직장을 얻고 나면 마치 톱니바퀴에 물린 것처럼 빡빡하게 살게 됩니다. 한주간이 그야말로 순식간에 지나갑니다. 주말에 잠시 숨을 돌리고 나면 곧 치열한 일터로 되돌아가야 합니다. 그나마 주말마다 쉴 수 있는 직장은 나은 편입니다. 직장이나 일의 성격에 따라서 정기적으로 쉴 수 없는 사람도 많습니다. 그렇게 일에 매이고 짓눌리다 보면 자기도 모르는 사이에 의욕은 사라지고 풀리지 않는 무거운 피로감에 젖은 채 다람쥐 쳇바퀴 돌듯 생활합니다.

그렇다면 소위 일이 잘 풀린다는 사람, 흔히 잘나간다는 사람들은 어떻습니까? 정신없이 일합니다. 숨돌릴 틈도 없이 밀려드는 일을 지치지 않고 해치우는 것을 능력과 성공으로 여기는 세태 속에 살고 있습니다. 그 속에서 우리는 일이 많고 적음에 따라 평가가 달라지고, 계속해서 과중한 일이 주어져야 능력을 검증 받았다고 여깁니다. 이런 생활의 리듬이 얼마나 갈까요?

날마다 쏟아지는 일에 가리지 않고 매달리다가 덜컥 제동이 걸리는 사건을 만납니다. 전혀 기대하지 않았던 일입니다. 뜻밖의 사고일 수도 있고, 예상치 못했던 음해일 수도 있고, 철석같이 믿었던 관계가 깨어지는 일일 수도 있습니다. 갑자기 이런 일을 겪으면 당황하고 낙심하고 때로는 분노합니다. 신앙인이라고 이런 일들이 언제나 면제되는 것은 아닙니다.

이때 어떤 생각이 들까요? 우리가 일터에서 경험하는 이런 어려움을 예수님이 과연 아실까 하는 생각이 들 수 있습니다. 예수님 시대에는 디지털 문화나 IT 직종이 없었고, 경제 상황이 오늘날처럼 복잡하지도 않았으니 말입니다. 물론 상황은 크게 다릅니다. 그러나 중요한 사실이 있습니다. 예수님은 지금도 가정과 직장 어디서나 우리와 함께하신다는 사실입니다.

그러므로 우리는 예수님께 물어야 합니다. 특히 내게 답이 없는 일은 반드시 물어야 합니다. 왜 성경을 읽으라고 계속 강조하겠습니까? 예수님과의 관계에서 지혜가 솟아나기 때문입니다. 지식을 어떻게 쓸 것인가, 사람을 어떻게 대할 것인가 하는 문제는 예나 지금이나 다르지 않습니다. 성경에 참 지혜가 있으니 거기서 지혜를 얻는 것보다 손쉽고 안전한 길이 없습니다.

시몬 베드로가 밤새 물고기 한 마리 못 잡고 빈 그물로 돌아왔습니다. 그물을 손질하고 한숨 자러 가려던 차에 예수님이 깊은 데로 가서 그물을 내려 물고기를 잡으라고 말씀하십니다. 베드로가 속으로 웃습니다.

'예수님, 제가 어부거든요. 예수님은 목수 출신이잖아요. 물고기 잡는 일은 제가 전문입니다. 이렇게 해가 뜨고 나면 물고기가 더 이상 안 잡힌다고요.'

물론 입 밖으로 소리 내어 말하지는 않았지만 속으로는 투덜댔을 것입니다.

'예수님이 그렇게 말씀하시니 그 말씀이 틀렸다는 걸 입증하기 위해서라도 제가 그물을 다시 한 번 던져 드리지요.'

그런데 예수님이 시키는 대로 했더니 어떻게 됐습니까? 그물이 찢어질 만큼 물고기가 잡혔습니다. 이때 베드로의 반응이 뜻밖입니다.

"예수님, 제가 죄인입니다. 저를 떠나십시오."

물고기를 많이 잡았으니 기뻐서 춤이라도 취야 할 판인데 덜컥 겁을 냅니다. 무슨 죄를 지었기에 고개를 못 듭니까? 속으로 비웃고 투덜댔기 때문입니다.

'내가 속으로 잘난 척만 했지 예수님이 누구신지 몰랐구나.'

우리도 그럴 수 있습니다. 예수님을 성경 속에 가둬 두면 신앙은 삶과 아무 상관이 없습니다. 성경이 한 권의 고전에 불과하다면 책을 한두 번 읽은 것으로 족합니다. 그러나 성경은 단순한 고전이 아닙니다. 성경은 생명입니다. 성경은 지혜입니다. 성경은 빛입니다.

너무 바쁜데 일과 쉼의
균형을 이룰 수 있을까?

도시 문명은 우리를 잠시도 그냥 내버려두지 않습니다. 이 시대는 사람들에게 한가한 틈을 허락하지 않습니다. 보고 들을 게 얼마나 많은지 모릅니다. 눈뜨기만 하면 우리 시선을 붙드는 미디어가 마치 사방에 쳐진 덫처럼 산재해 있습니다. 더구나 바쁜 일상의 리듬에 젖어 들면 그 리듬에서 빠져나오지 못합니다. 그 리듬에 익숙한 나머지 바빠야 안심이 되는 사람들이 많습니다. 심지어 연말까지 스케줄이 꽉 차 있어야 편안하다는 사람도 있습니다.

예전에는 지하철을 타면 나이 든 사람들 대부분이 눈을 지그시 감고 생각에 잠기거나 고개를 끄덕이며 졸곤 했는데, 요즘은 나이 지긋하신 분들도 스마트폰을 들여다보느라 정신이 없습니다. 우리는 종일 어딘가에 연결되어 있습니다. 곧 온종일 무슨 일인가 하고 있다는 뜻입니다.

그러나 일보다 중요한 것은 사실 쉼입니다. 쉼이 일을 지탱하기 때문입니다. 우리는 대체 언제 쉽니까? 휴가를 떠나면 쉴수 있습니까? 휴가지에서도 연결을 끊지 못합니다. 연결된 채떠나니 어디에건 묶여 있는 셈입니다. 느슨해지긴 해도 연결에서 벗어나지는 못합니다. 사실 이것은 심각한 문제입니다. 우리삶에 한적한 곳이 사라졌다는 것은 하나님을 만날 시간과 장소를 잃어버렸다는 뜻이기 때문입니다.

우리는 일의 능력만 생각할 뿐 쉼의 능력은 곧잘 잊어버립니다. 기계는 쉬지 않고 일할 수 있지만, 사람은 쉬지 않고 일하다가는 반드시 사고가 납니다. 월화수목금금금으로 일하다가사고 낸 사람이 한둘이 아닙니다. 심지어 어떤 일터는 24시간이메일 체크를 강요하거나 즉각적인 카톡 응답을 주문하기도합니다.

이런 환경 속에서 일과 쉼이 균형을 이룰 수 있을까요? 기계는 일이 능력이지만, 사람은 쉼이 능력입니다. 일과 쉼의 균형을 잃어버린 사람은 관계의 축이 이미 무너진 사람입니다. 사고는 시간문제일 뿐입니다.

삶의 기술은 균형의 기술입니다. 존재는 균형의 산물입니다. 예수님은 이 균형의 예술가이십니다.

우리만 바쁜 게 아닙니다. 예수님도 식사할 겨를도 없이 일에 파묻힐 수밖에 없는 상황에 계셨습니다.

> [41] 예수께서 떡 다섯 개와 물고기 두 마리를 가지사 하늘을 우러러 축사하시고 떡을 떼어 제자들에게 주어 사람들에게 나누어 주게 하시고 또 물고기 두 마리도 모든 사람에게 나누시매 [42] 다 배불리 먹고 [43] 남은 떡 조각과 물고기를 열두 바구니에 차게 거두었으며 [44] 떡을 먹은 남자는 오천 명이었더라 막 6:41~44

예수님이 종일 말씀을 선포하셨습니다. 이제 각자 집으로 흩어져야 할 시간입니다. 그러나 예수님은 배고픈 군중을 그냥 돌려보내지 않으십니다. 이대로 돌아가면 저녁을 굶어야 할 사람이 있을지도 모릅니다. 우리는 각 사람의 사정을 모릅니다. 하지만 예수님은 아십니다.

우리는 다른 사람의 사정에 일일이 관심 가질 수 없습니다. 다들 자기 사정에 급급하기 마련입니다. 예수님만이 모든 사람의 형편과 처지에 관심을 가지십니다. 예수님은 군중 가운데 먹을 것이 없어서 굶을 수밖에 없는 한 사람이 있다면, 그 한 사람을 위해서 조치를 취하실 분입니다. 오병이어의 기적은 그렇게 일어났습니다. 그러나 이 기적에는 그보다 더 깊은 뜻이 있습니다.

모든 사람이 먹고사는 문제에 직면했습니다. 모두가 허기졌습니다. 예수님은 이때를 기다리셨습니다. 먹고사는 문제가 누구에게 달렸는지를 보여줄 수 있는 시간입니다. 또한 왜 먹고사는 것이 삶의 전부가 되어서는 안 되는지를 말씀하실 수 있는 적절한 기회입니다.

오병이어의 기적은 자신이 열심히 일해서 벌어먹고 사는 것을 자랑스러워하고 뿌듯해하는 사람들에게 광야에서 내린 만나처럼 강력한 메시지입니다. 먹고사는 문제를 해결하는 능력이나 사람의 생명을 유지하는 능력은 내게 있는 것이 아니라 하늘로부터 오는 것임을 가르쳐 주신 것입니다.

잘 알려진 것처럼 어린아이가 내놓은 보리떡 다섯 개와 물고기 두 마리가 가진 전부였습니다. 예수님은 아무것도 없는 데서 기적을 일으키지 않으십니다. 비록 적은 양이지만 보리떡과 물고기를 놓고 기도하십니다. 그러고 나서 그 자리에 있는 모든 사람에게 나누어 주게 하셨습니다. 성인 남자만 5천 명이었습니다. 그 가족까지 합치면 훨씬 더 많은 수였겠지요. 2만 명도 더 됐을 수 있습니다. 그들이 배불리 먹고도 남았습니다.

이런 기적을 맛본 사람들의 기분이 어땠을까요? 정신없이 먹다가 정신을 차리고 나서는 어떤 생각이 들었을까요? 제자들은 또 무슨 생각을 했을까요? 그들의 생각을 아시는 예수님의 다음 조치입니다.

> 45 예수께서 즉시 제자들을 재촉하사 자기가 무리를 보내는 동안에 배 타고 앞서 건너편 벳새다로 가게 하시고 46 무리를 작별하신 후에 기도하러 산으로 가시니라 막 6:45~46

먼저 제자들을 배에 태워 갈릴리 호수 건너편 벳새다로 건너가라고 쫓아내듯이 보내십니다. 지금 예수님은 군중을 돌려보내십니다. 제자들과 군중을 분리하고자 하시는 의도를 읽을 수 있습니다. 왜 그러십니까? 제자들이 군중과 함께 덩달아 흥분했기 때문입니다. 군중이나 제자도 크게 다르지 않습니다. 기적만 보았지 기적에 담긴 메시지를 듣지 않았습니다. 기적을 베푸는 예수님만 보았지 기적을 베푸신 예수님의 의도를 몰랐습니다.

예수님은 세상 누구도 보인 적이 없는 기적을 일으키셨습니다. 누구보다 주목받을 일을 하셨고, 사람들이 몰려들 만한 일을 하셨습니다. 그런데 즉시 제자들을 군중과 떼어 놓고, 사람들을 흩으신 후에 혼자 기도하러 산으로 가십니다. 예수님은 새벽마다 기도하셨습니다. 예수님은 습관을 좇아 기도하셨습니다. 하지만 특별한 일이 있으면 더 기도하셨습니다.

그 많은 일 가운데 예수님은 어떻게 쉼을 누리셨을까요? 기도로 일과 일 사이의 쉼을 삼으셨습니다. 기도로 일과 쉼의 고리를 만드셨습니다. 예수님께 기도는 곧 쉼이요 안식입니다. 예수님께 기도는 일과 쉼 사이에 균형을 잡아 주는 균형추와도 같습니다. 기적과 기적 사이에 특별한 기도가 있고, 일과 일 사이에 일상적인 기도가 있고, 일과 쉼 사이에 습관적인 기도가 있습니다.

집에 들어가시니 무리가 다시 모이므로 식사할 겨를도 없는지라 막 3:20

예수님은 몰려드는 사람들 때문에 식사를 자주 거르셔야 했습니다. 식사할 시간도 없이 일하셨다는 뜻입니다. 많은 일로 얼마나 피곤하셨던지 배를 타고 가다 폭풍이 몰아쳐도 잠에서 깨지 않으셨습니다. 떠메어 가도 모를 정도로 주무셨습니다.

예수께서는 고물에서 베개를 베고 주무시더니 제자들이 깨우며 이르되 선생님이여 우리가 죽게 된 것을 돌보지 아니하시나이까 하니 막 4:38

예수님은 어떻게 과중한 일을 다 감당하셨을까요? 그 상황에서 어떻게 영성을 지켰을까요? 예수님은 기도로 하나님과 대면함으로써 하루 일과를 시작하셨습니다. 당시에는 전기가 없었으므로 다들 밤늦도록 많은 일을 하지 않았겠지요. 정말 특별한 일이 아닌 이상 밤을 새워야 할 일도 없었겠지요.

그러나 예수님은 일에 따라 밤늦도록, 혹은 밤새워 기도하셨습니다. 일의 목적이 분명한 만큼 예수님은 기도를 놓치지 않으셨고, 그 때문에 예수님은 일중독에 빠지거나 과중한 일로 탈진하지 않으셨습니다. 예수님은 당연히 제자들에게도 한적한 곳을 찾도록 하셨습니다.

성경에서 "한적한 곳"이라고 일컫는 장소는 어떤 곳일까요? 먼저, 인적이 드문 곳입니다. 외딴 장소를 가리키기도 합니다. 헬라어로 '에레모스'라 하는데, 구약의 '광야'에 해당하는 단어입니다. 히브리어 성경을 헬라어로 번역한 70인역 성경에는 유대 광야를 지칭하는 네게브, 즉 이스라엘 남쪽의 광야 지대를 '에레모스'로 번역했습니다. 그보다 앞서, 애굽을 떠난 이스라엘 백성이 40년간 방랑한 광야를 에레모스라 불렀습니다. 이곳이 바로 한적한 곳입니다. 이스라엘 백성에게 광야는 특별한 의미가 있습니다. 아무것도 의지할 수 없고, 아무것도 바라볼 것이 없는 곳, 그래서 하나님만 전적으로 바라보고 의지할 수밖에 없는 곳이 광야이며 한적한 곳입니다.

우리는 많은 사람들과 쏟아지는 정보 속에 살고 있습니다. 바라볼 것도, 의지할 것도 너무 많은 시대입니다. 그 속에서 우리는 하나님을 잊고 살지만, 예수님은 그럴수록 하나님께 더 가까이 나아가야 한다고 말씀하십니다.

일과 쉼의
균형

일과 쉼에 관한 답을 어떻게 찾아야 합니까?

첫째, 일과 쉼의 관계는 균형이 원칙입니다. 쉼이 없으면 일도 없습니다. 일이 없다면 진정한 쉼이 아닙니다. 인간은 일해야 합니다. 그러나 동시에 쉬어야 합니다. 인간의 능력은 일하는 데 있습니다. 그러나 그 능력은 쉼으로써 유지됩니다. 쉴 줄 아는 것이야말로 능력 중의 능력입니다.

둘째, 단순히 일을 멈추는 것보다 다른 사람의 필요를 채워줌으로써 쉼이 극대화됩니다. 이것이 안식의 원래 목적입니다. 쉼은 거룩의 회복입니다. 거룩은 하나님과의 바른 관계이고, 사람 사이의 바른 관계는 타인 중심일 때 지켜집니다.

예수님은 쉼의 회복을 위해 오셨습니다. 예수님은 자신이 섬김을 받으러 온 것이 아니라 도리어 섬기러 왔다고 선언하셨습니다. 섬김의 삶은 나 중심이 아닌 너 중심입니다. 누군가를 섬길 때, 비로소 회복을 경험합니다. 따라서 쉼은 단순히 일을 멈추는 것 이상입니다. 남의 필요를 채우는 '일'은 휴식보다 더 강력한 쉼이 되는 것입니다.

셋째, 쉼은 한적한 시간, 한적한 곳에서 기도로 완성됩니다. 사람은 다른 사람과의 관계를 통해 회복됩니다. 그러나 온전한 회복은 하나님과 대면해야 비로소 가능합니다. 온전하신 하나님 안에 거할 때 온전한 회복이 일어납니다.

기도는 한적한 곳에서 드려야 합니다. 인적이 끊긴 깊은 산속으로 들어가라는 뜻이 아닙니다. 사람을 의식하지 않는 곳, 사람의 시선이 닿지 않는 곳, 하나님만을 의식할 수 있는 곳, 하나님의 음성을 들을 수 있는 곳이 바로 광야이며 한적한 곳입니다. 그곳에서 우리 쉼이 온전해집니다. 그 한적한 시간을 기도라 합니다.

기도는 소원을 아뢰는 시간만이 아닙니다. 하나님 앞에 잠잠히 머물러 있는 시간 또한 기도입니다. 하나님께 기대할 것을 사람에게 기대해서는 안 됩니다. 사람으로부터 회복되지 않습니다. 하나님으로부터만 온전한 회복이 있습니다. 기도는 어느 때보다 쉼과 회복을 경험하는 시간입니다.

예수님은 일과 쉼의 균형을 어떻게 이루셨습니까? 기적과 몰려드는 군중 사이에서 어떻게 균형을 잃지 않으셨습니까? 새벽에 아버지를 만나셨습니다. 사람들의 인정이 최고조에 이를 때마다 반드시 사람들을 피해서 아버지께로 달려가셨습니다. 그리고 기도 시간을 온전한 쉼의 시간, 회복의 시간으로 삼으셨습니다. 우리도 그분을 따라가야 하지 않겠습니까?

그룹 토의

1   나는 쉴 때 주로 무얼 하며 시간을 보냅니까?

2   예수님께 기도는 곧 쉼이요 안식이었습니다. 바쁜 일상 가운데서
     나는 무얼 할 때 안식을 느낍니까?

3   하나님의 음성을 들을 수 있는 나만의 한적한 곳이 있습니까?

5

일을 통해 사람을 얻다

오늘날 일터는 전쟁터와도 같습니다. 날마다 숱한 사람들이 전의를 다지며 일터로 출근합니다. 직장에서 어떻게 버텨 내나, 어떻게 해야 승진할까, 어떡하면 주도권을 잡고 승기를 움켜쥘 수 있나, 이런저런 생각을 하느라 머릿속이 분주합니다. 어떤 사람은 곁에 가면 머리 회전하는 소리가 들릴 지경입니다.

윗사람들은 어떻습니까? 어떻게 해야 아랫사람들을 수족 부리듯이 할 수 있나, 어떻게 훈련해야 입의 혀처럼 굴게 만들까, 어떤 보상 체계를 만들어야 스스로 죽도록 일하며 충성할까, 이런저런 아이디어를 짜냅니다.

자본주의의 두 축은 돈과 사람이 아니라 효율성과 생산성입니다. 효율적이라면 사람은 얼마든지 기계로 대체될 수 있습니다. 조직에서는 '일'과 '관계' 중 택일하라면 당연히 일입니다. 조직의 목적을 생각하면 그 편이 합당하지요. 그러나 결과는 어떠합니까? 생산과 효율의 극대화는 자본 수익의 극대화를 이루었지만 인간 소외 극대화의 그늘을 더욱 짙게 만들었습니다.

성경은 전장과 같은 세상에서 어떻게 살아 내야 하는지 세세한 처세술을 가르쳐 주지는 않습니다. 그렇다고 하나님을 믿는 탓에 늘 당하고 뒤처져야 합니까? 아니면 세상에서 뒤처지지 않고 경쟁에 뒤지지 않기 위해서 신앙과 별개로 세상 법칙에 따라 생활해야 합니까? 많은 사람이 두 가지를 놓고 고민합니다.

어떤 이는 은혜를 받은 나머지 세상 것을 다 버리는 길을 선택하기도 합니다. 마냥 착하게만 살겠다고 결심합니다. 그러나 착하고 무능한 사람은 하나님 나라에서도 소용이 없습니다. 그것은 믿음의 길이 아닙니다.

사랑하면
일을 피하지 않는다

예수님은 우리더러 비둘기처럼 순결하라고만 말씀하시지 않습니다. 뱀처럼 지혜로워야 한다고 말씀하십니다. 둘 다 갖춰야 합니다.

애굽을 탈출한 이스라엘 백성이 광야에서 아말렉 족속과 싸우게 됐습니다. 모세가 산에 올라가서 기도하고 여호수아는 나가서 싸웁니다. 모세가 기도하면 이스라엘이 이기고, 기도를 쉬면 아말렉이 이겼습니다. 모세가 힘들어서 돌 위에 걸터앉았고, 아론과 훌이 모세의 두 팔을 붙들어 계속 기도하게 도왔습니다. 그러자 이스라엘이 전쟁에서 이겼습니다. 많은 것을 생각하게 하지 않습니까? 전쟁에서 어떻게 이겼습니까? 기도하며 싸워 이겼습니다. 하나님을 의지하고 죽을힘을 다해 싸운 끝에 이겼습니다.

"뱀 같이 지혜롭고 비둘기같이 순결하라"(마 10:16)는 말씀을 쉽게 해석하면 실력과 영성을 함께 갖춰야 한다는 뜻입니다. 성경에는 두 가지 중에 한 가지만을 갖춘 사람과 둘 다 갖춘 사람의 이야기로 가득합니다. 둘 다를 갖춘 인물 중에 다윗을 살펴보겠습니다.

다윗은 이스라엘의 초대 왕 사울이 발탁한 사람입니다. 그가 왕의 눈에 처음 띈 것은 찬양 실력 덕분이었습니다. 다윗이 수금을 타면 귀신이 떠나고 사울의 마음이 평안해졌습니다. 그런데 그의 또 다른 실력이 사건의 발단입니다. 아마도 다윗의 물매 던지는 실력이 온 이스라엘에서 몇 손가락 안에 꼽힐 정도였던 모양입니다.

다윗과 골리앗의 싸움은 두고두고 전해지는 이야기입니다. 블레셋의 골리앗은 키가 2.9m나 되는 어마어마한 거인이었습니다. 다윗이 아버지 이새의 심부름으로 전장에 나간 형들에게 식량을 전해 주러 갑니다. 그가 전장에 도착해서 보니 골리앗이 하나님을 모욕하고 하나님의 군대를 조롱하고 있습니다. 그런데도 이스라엘 군인 중에 그를 상대할 사람이 아무도 없습니다. 거룩한 분노에 휩싸인 다윗이 사울 왕의 허락을 받고 갑옷도 입지 않은 채 돌멩이 다섯 개를 들고 나가 골리앗에 맞섰습니다. 그리고 돌을 가지고 물매로 던져 골리앗의 이마 정중앙을 맞춰서 죽였습니다.

문제는 다윗이 이 일로 인해 전국적으로 유명해지고, 백성들의 칭송을 받게 되었다는 것입니다. 다윗의 인기가 날로 높아져 가자 사울 왕이 괴로워합니다. 여인네들이 노래를 부르는데 가사가 못마땅합니다.

사울이 죽인 자는 천천이요 다윗은 만만이로다 삼상 18:7

다윗이 무슨 잘못을 해서 왕에게 미운털이 박힌 것이 아닙니다. 오히려 일을 너무 잘해서 미움받았습니다.

사울은 다윗을 죽이기로 결심하고 전국에 지명 수배합니다. 다윗의 고난이 본격적으로 시작된 것입니다. 다윗은 숨을 만한 동굴이 많은 유대 남부 지역의 광야를 전전합니다. 다윗이 숨어든 아둘람 굴에 사람들이 모이기 시작합니다. 그와 함께한 사람이 4백 명이나 되었는데, 대다수가 지명 수배자들이었습니다. 그의 인품에 반한 사람들이 모인 것입니다. 훗날 이들이 통일 이스라엘을 이끄는 다윗의 측근이 됩니다.

다윗은 쫓기다 못해 이스라엘과 적대 관계에 있는 모압 왕에게 도망가기도 하고, 불구대천의 원수 블레셋의 아기스 왕에게까지 몸을 피합니다. 결국, 블레셋과의 전쟁에서 사울이 전사함으로써 끝나지 않을 것만 같던 사울의 시대가 막을 내리고, 다윗이 이스라엘의 2대 왕이 됩니다.

어느 날 다윗과 블레셋의 전쟁이 다시 시작됩니다.

13 또 삼십 두목 중 세 사람이 곡식 벨 때에 아둘람 굴에 내려가 다윗에게 나아갔는데 때에 블레셋 사람의 한 무리가 르바

임 골짜기에 진 쳤더라 [14] 그때에 다윗은 산성에 있고 그때에 블레셋 사람의 요새는 베들레헴에 있는지라 [15] 다윗이 소원하여 이르되 베들레헴 성문 곁 우물물을 누가 내게 마시게 할까 하매 [16] 세 용사가 블레셋 사람의 진영을 돌파하고 지나가서 베들레헴 성문 곁 우물 물을 길어 가지고 다윗에게로 왔으나 다윗이 마시기를 기뻐하지 아니하고 그 물을 여호와께 부어 드리며 [17] 이르되 여호와여 내가 나를 위하여 결단코 이런 일을 하지 아니하리이다 이는 목숨을 걸고 갔던 사람들의 피가 아니니이까 하고 마시기를 즐겨하지 아니하니라 세 용사가 이런 일을 행하였더라 삼하 23:13~17

블레셋 사람들이 다윗의 고향인 베들레헴을 점령하고 있었습니다. 다윗은 잃어버린 영토를 되찾기 위해 블레셋과 전쟁을 벌입니다. 적과 대치한 상황에서 다들 목말라 할 때 다윗이 베들레헴 성문 곁에 있던 우물물을 떠올립니다. 그가 중얼거리듯 말합니다.

"베들레헴 성문 곁에 있는 우물에서 길어 올린 물 한 잔만 마시면 원이 없겠구나."

다윗의 부하들 가운데 그의 말을 들은 세 용사가 그야말로 목숨을 걸고 적진을 뚫고 들어가 우물물을 길어 옵니다. 하지만 다윗은 차마 그 물을 마시지 못하고 하나님께 부어 드립니다. 부하들의 피나 다름없기 때문입니다. 다윗이 고스란히 하나님께 드린 것은 그의 마음속에 하나님이 항상 자리 잡고 계시기에 가능한 행동입니다. 이 일을 통해 그는 세 부하의 마음을 얻었습니다.

다윗은 물을 쏟고 관계를 얻었습니다. 이것이 다윗의 영성입니다. 작은 일 같지만 이 사건을 통해 다윗의 모든 영성이 드러났습니다. 다윗은 자신의 경솔한 한마디 말로 부하들의 목숨을 위태롭게 한 일을 회개합니다. 다윗은 목숨 걸 일과 목숨을 걸어서는 안 되는 일을 분명히 보여 주었습니다.

무엇보다도 이 이야기는 다윗을 향한 부하들의 사랑과 부하들을 향한 다윗의 사랑을 보여 줍니다. 사람 냄새 가득한 아름다운 장면입니다. 그는 혼잣말로 시원한 우물물을 마시고 싶다고 중얼거렸을 뿐입니다. 부하에게 명령을 내린 것도 아니고 부탁한 것도 아닙니다. 그런데 그의 말을 들은 세 용사가 목숨을 걸고 물을 떠 왔습니다. 다시 말해, 자원하는 마음으로 물을 떠 온 것입니다.

얼마나 놀라운 충성심이며 사랑입니까? 만일 누가 그런 명령을 내린다면, 대부분 왜 우물물을 길어 올 수 없는지 조목조목 설명하지 않겠습니까? 이 일이 제발 나한테 떨어지지 않았으면 좋겠다며 마음을 졸이지 않겠습니까?

일을 통해 사람을 얻고
관계를 살리다

다윗은 실력이 있었습니다. 이스라엘 백성들이 이미 그의 실력을 인정했습니다. 그러나 실력 때문에 다윗이 하나님의 마음에 든 것은 아닙니다. 하나님은 부하와 백성을 사랑하는 그의 마음을 보셨습니다. 생명을 아끼는 태도를 보신 것입니다.

다윗은 자기 목적을 위해서라면 무슨 일이건 개의치 않는 사람이 아니었습니다. 사울 왕에게 쫓길 때 그를 죽일 수 있는 결정적인 기회가 두 번이나 있었습니다. 부하들이 사울을 죽이자고 설득했지만, 다윗은 하나님이 세우신 왕에게 손을 대서는 안 된다면서 끝까지 거부했습니다.

또 아말렉 족속이 전 재산을 빼앗고, 가족과 부하의 식솔들을 납치해 가자 그들을 추격했습니다. 어디로 갔는지 몰라 난감할 때 광야에서 죽어 가는 애굽 소년을 만났습니다. 다급한 추격 길에 그냥 지나칠 수도 있었지만, 다윗은 소년에게 물과 음식을 주고 생명을 지켜 줍니다. 아말렉 족속이 버린 애굽 소년의 도움으로 결국 추격에 성공하고, 빼앗긴 것을 전부 되찾았을 뿐만 아니라 훨씬 더 많은 것을 얻었습니다.

엄청난 전리품을 가지고 돌아오던 다윗은 아말렉 족속을 끝까지 추격하지 못하고 브솔 시냇가에서 낙오되었던 2백 명을 만나자 그들에게도 전리품을 똑같이 나누어 줍니다. 그와 함께 아말렉 족속을 끝까지 추격했던 장정 4백 명이 불만을 터뜨리지만 뜻을 굽히지 않습니다.

다윗의 리더십이 독특합니다. 그는 언제나 하나님의 관점에서 일을 처리합니다. 애굽 청년을 살린 것도 다윗답지만 전리품을 똑같이 분배한 것도 그답습니다. 그는 사건을 결정할 때 인간의 관점이 아니라 하나님의 관점에서 들여다보았습니다. 그의 중심에 하나님이 계시기 때문입니다. 이것이 영성입니다. 그는 노래합니다.

여호와는 나의 목자시니 내게 부족함이 없으리로다 시 23:1

다윗은 일의 시작부터 끝까지 하나님을 내내 의식했습니다. 이것이 그의 실력의 원천이자 영성의 뿌리입니다. 그가 아둘람 굴에 피신했을 때 모인 사람들은 사회에서 버림받고 외면당하던 이들입니다. 그는 사람들이 사랑할 수 없는 자들을 사랑했고 사람들이 품어 주지 않는 자들을 품었습니다. 그는 사람들이 외면하는 자들에게 관심을 가졌습니다. 그러나 놀랍게도 그들이 통일 이스라엘 왕국의 초석이 됩니다. 다윗이 사람들의 관점을 따르지 않고 늘 하나님의 관점을 따라 산 덕분입니다. 다윗이 다른 사람들과 다른 점이 바로 이것입니다.

　만약에 세 용사가 목숨을 걸고 떠 온 물을 다윗이 혼자 마셨다면 어땠을까요? 마시고 나서 "정말 맛있구나. 한 잔 더 마셨으면 좋겠는데, 이번에는 누가 다녀오겠느냐?"라고 물었다면 어떤 일이 일어났을까요? 최측근에서 불만을 토로하지 않았을까요?

　다윗의 이야기가 우리에게 주는 메시지는 무엇입니까? 서로를 생각해 주는 마음입니다. 특히 어려운 일이 있을 때 더욱 필요한 배려입니다. 한반도의 지진과 북한의 핵 위협으로 온 나라가 불안할 때, 국난에 대처해야 할 정치권이 이해 싸움을 하면 국민의 심사가 불편합니다. 이때 우리에게 가장 필요한 것은 무엇입니까? 바로 서로를 배려하는 마음입니다. 좋은 일이건 궂은일이건 일을 통해 사람을 얻고, 관계를 살려서 단합하는 것입니다.

　하나님은 재능을 통해 사람을 섬기고 회복시키며 생명을 전하게 하려고 우리를 보내십니다. 재능은 나를 위한 것이 아닙니다. 하나님이 내게 맡겨 주신 사람을 돌보고, 일을 통해 하나님께 영광을 올리기 위한 것입니다. 다윗이 브솔 시냇가에 주저앉아 있던 200명에게까지 하나님의 마음으로 전리품을 나누었을 때, 그 공동체가 하나님 나라를 경험하기 시작했습니다. 크리스천은 일의 가치보다 사람의 가치를 앞세우는 존재입니다. 예수님이 그러셨듯이 나를 버려 남을 얻는 사람입니다.

다윗과 같은 생애를 살기 바랍니다. 그는 고난당했지만 많은 이에게 비전을 주고 현실에 뿌리박은 영성이 무엇인지 보여 주었습니다.

하나님이 주신 달란트를 나눔으로써 힘 있는 인생을 사십시오. 달란트를 쓰면 채워 주십니다. 한 알의 밀이 떨어져 죽으면 많은 열매를 맺습니다. 죽을 만큼 일하십시오. 적당히 일하지 마십시오. 하나님을 의식하고 하나님을 드러내기 위해 일하십시오.

그룹 토의

1 일에서 좀 더 중요하게 생각하는 것은 무엇입니까? 성과입니까, 사람입니까?

2 비둘기처럼 순결하고 뱀처럼 지혜롭기 위해서 내가 갖춰야 할 것은 무엇입니까?

3   하나님이 주신 재능을 어떻게 쓰고 있습니까? 사람을 섬기고 회복
시키는 일에 쓰임 받고 있습니까?

4   다른 사람을 위해 나의 유익을 포기한 경험이 있습니까? 또는 일의
성공을 위해 노력하다가 다른 사람과의 관계가 악화된 적이 있습니
까? 그 경험을 통해 배운 하나님의 뜻은 무엇입니까?

6

시기심으로 관계를 잃다

사람은 늘 변합니다. 좋은 쪽으로 변하면 얼마나 좋겠습니까? 그러나 대부분 나쁜 쪽으로 변합니다. 나쁜 버릇은 세 번이면 족하고 사흘이면 평생 가는데, 좋은 버릇은 쉽게 익숙해지지 않을뿐더러 그 버릇 지키기가 죽기보다 어렵습니다. 일하는 것도 시간이 지나면 하나의 버릇이 됩니다. 그런데 나의 일 버릇 때문에 서로 하나되는 일이 많습니까, 아니면 서로 마음 상하는 일이 많습니까? 후자 쪽이 흔치 않습니까?

그래서 세상은 어떻게 하면 하나가 되어 일할 수 있을까 숱한 방법을 생각합니다. 구글, 애플, 페이스북과 같은 회사들은 사원들의 창의력을 극대화하기 위해 끝없이 연구하고, 연구 결과를 업무 환경에 계속해서 적용하고 있습니다. 애니메이션 영화사인 픽사(Pixar)를 소개하는 다큐멘터리를 본 적 있는데, 그야말로 드림 팀을 구성하여 일에 몰두합니다. 출퇴근 시간이 따로 없는 사람이 있는가 하면 사무실의 경계 없이 일하는 부서도 있습니다. 분명한 것은 창의력을 중시하는 회사일수록 '사람이 먼저'라는 원칙이 중요하다는 점입니다.

세상은 일을 잘 해내기 위해 성경에서 좋은 개념들을 배워 갑니다. 어떤 일이라도 사람 때문에 하는 것이고, 사람 때문에 일이 진행되고, 사람 때문에 일이 완성됩니다. 그래서 사람을 중시하는 리더십이 끊임없이 주목받아 왔습니다. 특히 예수님께서 선보인 서번트 리더십(servant leadership)은 사회 어느 분야건 빼놓을 수 없는 리더십 개념입니다.

그러나 그런 리더십 이야기를 하는 세상 사람들의 목적은 무엇입니까? 이익의 극대화입니다. 고객과 직원을 어떻게 섬겨야 최고의 이익을 거둘 수 있을지가 첫 번째 목적입니다. 하지만 그렇게 해서 그들이 궁극적으로 사람을 살립니까? 아닙니다. 많이 가진 것 같은데 여전히 공허합니다. 또한 사람들의 가슴속에 꾸준히 상대적 빈곤감을 키워 왔습니다. 우리의 일 버릇에 무슨 문제가 있는 것은 아닙니까?

분별력을 잃으면
시기심에 빠진다

모든 것을 가졌지만 시기심이라는 감정을 다스리지 못해 소중한 관계를 잃어버린 한 사람이 있습니다. 바로 통일 이스라엘의 초대 왕 사울입니다. 사실 다윗은 사울을 정적으로 생각한 적이 없습니다. 다만 사울 혼자서 그를 죽이려고 혈안이 되었던 것뿐입니다.

이스라엘 백성이 이웃 나라들처럼 자기들에게도 왕을 세워 달라고 하자 사무엘이 근심하며 슬퍼했습니다. 하나님이 그에게 사울을 왕으로 세우라고 하셨습니다. 사무엘이 사울에게 기름을 부어 왕으로 세웠습니다. 사울은 이스라엘의 초대 왕이 되었습니다. 통일 이스라엘 왕국의 첫 번째 왕이라는 것은 보통 축복이 아닙니다. 어느 나라건 단 한 사람에게 주어지는 영광스러운 기회입니다. 사울은 처음에 너무나 겸손했습니다. 왕이 될 자격이 없다며 숨기까지 했습니다.

그러던 사울이 변했습니다. 블레셋과의 전쟁을 앞둔 사울이 제사를 드리고자 사무엘을 초청했는데, 그가 정한 기한에 오지 않았습니다. 마음이 조급해진 사울은 더 기다리지 못하고 자신이 직접 번제를 드립니다. 내가 번제를 드린들 무슨 차이가 있겠느냐는 생각이 들었을 것입니다. 사무엘이 도착해 그 모습을 보고 통탄합니다. 사무엘은 하나님의 마음이 사울에게서 떠났다고 선언합니다.

그렇다고 사울이 왕위에서 바로 쫓겨난 것은 아닙니다. 이때부터 사울이 악령에 시달리기 시작합니다. 밤에 잠을 이루지 못하여 수금을 잘 타는 사람을 구합니다. 마치 아이에게 자장가를 불러 줄 유모를 찾는 것과도 같습니다.

다윗이 사울 왕을 위해 수금을 탑니다. 그의 재능이 거기까지였다면, 사울과의 관계가 파국을 맞지는 않았을 것입니다. 문제는 다윗의 재능이 너무 많았다는 것입니다. 사무엘 선지자는 하나님의 마음이 사울 왕에게서 떠난 것을 알고, 다음 왕으로 세워질 다윗에게 기름을 부었습니다. 기름 부음은 하나님의 능력이 임하도록 하는 상징적인 행위로 당시에는 왕과 제사장, 선지자를 세울 때 행해졌습니다.

다윗이 기름 부음을 받았지만, 다윗 또한 즉시 왕이 된 것은 아닙니다. 오히려 극심한 고난이 기다리고 있었습니다. 그는 골리앗을 쓰러뜨림으로써 일약 영웅으로 떠올랐습니다. 그 사건이 사울 왕의 일생을 나락으로 떨어뜨릴 줄 어떻게 알았겠습니까?

⁶ 무리가 돌아올 때 곧 다윗이 블레셋 사람을 죽이고 돌아올 때에 여인들이 이스라엘 모든 성읍에서 나와서 노래하며 춤추며 소고와 경쇠를 가지고 왕 사울을 환영하는데 ⁷ 여인들이 뛰놀며 노래하여 이르되 사울이 죽인 자는 천천이요 다윗은 만만이로다 한지라 ⁸ 사울이 그 말에 불쾌하여 심히 노하여 이르되 다윗에게는 만만을 돌리고 내게는 천천만 돌리니 그가 더 얻을 것이 나라 말고 무엇이냐 하고 ⁹ 그 날 후로 사울이 다윗을 주목하였더라 삼상 18:6~9

사울 왕의 개선을 축하하는 행사였습니다. 이스라엘 온 백성이 거리로 나와서 왕의 일행을 기쁨으로 맞았습니다. 악기란 악기는 다 들고 나와서 춤추며 승전의 기쁨을 마음껏 누렸습니다. 이 기쁜 자리에서 단 한 사람, 사울 왕만이 기뻐하지 않았습니다. 그의 기쁨을 앗아간 것은 뜻밖에도 짧은 노랫말이었습니다.

"사울이 죽인 자는 천천이요 다윗은 만만이로다."

그의 머릿속에 어떤 생각이 스쳐 지나갔을까요?

'어린 다윗이 나보다 10배나 더 낫다고?'

그는 사람들의 말에 걸려 넘어졌습니다. 다윗을 칭송하는 한 절 노랫말이 사울에게 한 자락의 시기심을 안겨 줍니다. 사울은 그때부터 다윗을 주목합니다. 그의 일거수일투족을 의심의 눈으로 보기 시작한 것입니다. 의심하면 의심거리가 반드시 눈에 띄게 마련입니다. 의심의 먹구름이 짙어지고 시기심은 눈사람이 불어나듯 커집니다. 시기심은 불안의 불길에서 솟아나는 연기와 같습니다. 사울의 내면은 급속히 황폐해지고, 그의 일상은 평안과 기쁨을 잃었습니다.

현직 왕이 한낱 젊은 장수에게 그렇게까지 시기할 일이 무엇입니까. 다윗과 좋은 관계를 이룰 수 있음에도 불구하고 그는 자기 시간과 노력과 재능을 쏟아부어 다윗을 살해하기 위한 계획에 골몰합니다. 사울 왕이 속으로 생각합니다.

'이제 다윗이 취할 것은 내 나라밖에 없겠구나.'

다윗은 충성스럽게 사울 왕을 섬겼습니다. 그러나 왕은 다윗을 제거하기 위한 빌미를 잡기 위해 혈안이 되었습니다. 아들 요나단이 다윗을 좋아하는 것도 못마땅해서 어쩔 줄을 모릅니다. 그의 의심과 시기심은 가족을 파멸로 이끌었을 뿐만 아니라 온 나라를 고통으로 몰아갔습니다.

다윗은 왕궁을 빠져나와 이스라엘 남부지역에 산재한 동굴들을 전전합니다. 사울 왕은 전국을 샅샅이 뒤져서라도 다윗을 잡아 오라고 엄명을 내리고, 심지어 3천 명의 특공대까지 편성하여 그를 잡으려고 합니다.

다윗이 출몰했다는 소식에 사울 왕이 직접 현장으로 달려

갔다가 두 번이나 다윗의 손에 죽을 뻔한 위기에 몰리기도 합니다. 그러나 다윗은 사울 왕에게 손을 대지 않았습니다. 다윗의 손에 그의 목숨이 들어왔지만 다윗은 자기를 죽이기 위해 달려온 사울을 살려 보냅니다.

사울과 다윗, 두 사람의 인생 경로를 보십시오. 둘 다 왕이 되었는데, 한 사람은 시기심으로 몰락의 길을 걸었고, 다른 한 사람은 시기심에서 자유로웠기에 흥왕의 길을 걸었습니다. 결국, 사울 왕은 블레셋과의 전쟁에서 아들 요나단과 함께 최후를 맞습니다. 다윗이 사울의 뒤를 이어 통일 이스라엘 왕국의 2대 왕이 되었습니다. 사울은 다윗을 가로막고 그를 끝까지 방해했지만, 하나님은 끝까지 다윗을 왕으로 세우셨습니다. 누가 하나님을 이깁니까?

일에서 얻어야 할 열매가
무엇인가

일터는 전쟁터와 같습니다. 적과 동지를 구분해야 하는 곳입니다. 죽고 사는 것이 이에 달렸습니다. 그런데 시기심은 이 구분을 한순간에 흐려 놓습니다. 어이없게도 시기심이 발동하면 가장 가까운 친구조차 적으로 오인하고 맙니다. 적과 싸우는 데 힘을 쏟아도 모자랄 때, 총구를 친구에게 겨눕니다. 이 무슨 비극입니까?

시기심은 눈에 보이지 않게 싹을 틔웁니다. 시기심에 사로잡히면 인생 전체가 볼모로 잡히게 됩니다. 열심히 일하는 사람들이 특히 조심해야 할 것이 있다면 바로 이 시기심입니다. 게으른 사람들보다 부지런한 사람, 열심이 많은 사람들이 오히려 시기심의 폐해에 시달리는 일이 훨씬 많습니다.

그런데 일터에서는 오히려 주체할 수 없는 시기심 때문에 승승장구하는 사람이 많습니다. 사람과의 사귐이나 화합보다 일이 더 소중한 사람들은 흔히 남보다 자신이 더 낫다는 사실을 입증하기 위해 사력을 다합니다. 열심히 일하는 겉모습만으로는 분별하기가 어렵습니다.

그 시기심 때문에 더 열심히 일하고, 경쟁심으로 더 좋은 실적을 내는 덕분에 남들보다 더 빨리 승진하고, 많은 사람들에게 인정도 받습니다. 그러나 정작 그 내면에는 어둠이 내립니다. 음습한 비밀의 방에는 곰팡이가 생깁니다. 그 곰팡이는 가까운 사람들에게도 괴로움을 안겨 줍니다.

대개 시기심은 자기보다 나은 사람을 의식하면서부터 생겨납니다. 같은 일을 나보다 더 잘하는 사람들을 보면 스스로 비교하기 시작하고 시기심이 발동하면서 경쟁 모드로 들어갑니다. 전혀 다른 일을 하는 사람에게 경쟁심을 느끼거나 시기하는 사람은 없습니다.

정치인은 다른 정치인을 시기하고, 부자는 다른 부자를 시기하며, 2등은 1등을 시기합니다. 음악가는 음악가를, 연기자는 연기자를, 심지어 설교자도 다른 설교자를 시기합니다.

어느 목사님이 해외 집회에 초청을 받았습니다. 여러 강사가 강의를 맡았습니다. 강의를 잘 마치고 회중의 박수를 받았습니다. 그런데 다음 강사의 강의를 들어보니 아무래도 자기보다 더 나은 것 같았습니다. 아니나 다를까 박수 소리가 자기 때보다 더 크게 들리자 그만 자리를 박차고 나오고 말았습니다. 그다음 이야기가 감동적입니다. 호텔 방에서 사흘간 금식하며 통곡했다는 것입니다. 회개가 터져 나온 것입니다.

사람들은 보통 그렇게 하지 않습니다. 상대를 미워할 만하기에 합당한 빌미를 찾습니다. 자기보다 나은 것이 없다는 증거를 찾으려고 사방을 두리번거립니다. 그는 주위에서 바늘 떨어지는 소리까지 놓치지 않으려고 촉각을 곤두세웁니다. 좋은 능력, 좋은 시간을 허비하는 인생은 대개 이렇게 시작합니다. 일터에서는 시기심이나 경쟁심이 자연스럽게 일어나기 마련입니다. 그러나 마음속에 한 조각 구름 일 듯 생겨난 이 시기심을 그대로 방치하는 것은 우물에 독을 푸는 것과 같습니다. 절대로 방치해서는 안 됩니다.

모세가 하나님의 명으로 이스라엘 백성의 장로와 지도자가 될 만한 70명을 소집했습니다. 모세에게 임한 영을 그들에게도 내리겠다고 하나님께서 말씀하셨습니다. 각 지파 지도자들이 회막에 모이자 하나님의 영이 임하여 그들이 예언하기 시작합니다. 그런데 소집에 응하지 않았던 엘닷과 메닷, 두 사람도 자기 진영에서 예언합니다. 이것을 목격한 소년이 달려와 모세에게 보고합니다. 모세를 보좌하던 여호수아가 곁에서 함께 듣고 이를 금해야 한다고 주장합니다. 이때 모세가 어떻게 대답하는지 보십시오.

> 모세가 그에게 이르되 네가 나를 두고 시기하느냐 여호와께서 그의 영을 그의 모든 백성에게 주사 다 선지자가 되게 하시기를 원하노라 민 11:29

모세의 통찰력이 놀랍습니다. 앞으로 지도자가 되어야 할 여호수아에게 그 자신조차 분명히 의식하지 못했을 시기심을 따끔하게 지적합니다. 리더에게 시기심은 치명적인 독입니다. 모세는 시기심이 자칫 충성심으로 위장될 수 있음을 깨우칩니다.

"여호수아야, 지금 네가 나를 위해서 그 사람들을 시기하는 것이냐? 잘 생각해 보아라. 네 시기심이 어디에서 비롯되었는지 잘 살펴보아라."

모세가 여호수아에게 모든 이스라엘 백성이 하나님의 영을 받아서 다 선지자가 되기를 바란다고 말합니다. 얼마나 가슴 뭉클한 이야기입니까? 지도자는 시기심으로 가득한 자가 아니라 은혜로 가득한 자여야 한다는 것입니다.

시기심은 내가 받아야 할 몫과 저 사람이 받을 몫에 대한 비교에서 비롯됩니다. 여호수아가 여기서 시기심의 문제를 해결했기에 훗날 지도자가 되어 가나안 정복 전쟁을 성공적으로 이끌 수 있었습니다. 가나안 정복에 앞장섰던 그는 다른 지파가 선택하지 않은 불모지나 다름없는 딤낫 세라를 자기 몫으로 받았고, 그의 막역한 친구요 동지이자 또 다른 지도자인 갈렙은 가장 좋고 값진 땅을 포기하고 아낙 자손이 진치고 있어 가장 위험한 헤브론 산지를 택했습니다.

시기심은 탐욕에서 비롯됩니다. 자기 몫에 욕심이 없는 사람은 다른 사람을 시기할 이유가 없습니다. 내게 합당한 대접을 요구하는 데서 시기가 시작됩니다. 그것 때문에 관계가 파탄으로 치닫는데도 욕심에 눈이 멉니다. 그는 오히려 자기 몫을 합리화하는 명분을 찾습니다.

신앙이란 시기심과 같은 하찮은 감정을 다룰 줄 아는 능력입니다. 바른 믿음 안에서만 사람은 어른스러워집니다. 성숙해

가는 것입니다. 이를 위해서는 시기심과 같은 사사로운 감정이 해결되어야 합니다. 이 문제가 해결되지 않으면 사울처럼 변해 갑니다. 처음에는 누구보다 겸손한 사람이라고 할지라도 한순간 덫에 걸리고 수렁에 빠지면 제힘으로 빠져나오지 못한 채 파멸로 치닫습니다.

시기심을 극복한 사람은 다른 사람이 어떤 대접을 받건 별 관심을 두지 않습니다. 그러나 그 마음을 극복하지 못하면 다른 사람과 끊임없이 비교하며 따집니다. 왜 그렇습니까? 믿음에서 벗어났기 때문입니다. 하나님이 내 눈앞에 계시다는 사실을 놓쳤기 때문입니다. 모든 일을 주관하시는 하나님을 보지 못하고, 눈앞에 있는 사람만 보기 때문입니다.

만약에 사울의 계산 방식이 조금만 달랐더라면 어땠을까요?

'가만있자. 다윗이 만만이라면 그 같은 장수 열 명만 있으면 십만이 되겠구나. 하나님께 다윗과 같은 장수를 열 명만 보내 달라고 기도해야겠다. 다윗 한 사람으로 블레셋을 물리쳤으니 장수 열 명이면 모든 이방 민족을 정복할 수 있을 것이다. 이스라엘을 넘볼 민족이 없으리라. 다윗을 높이 세워 주자. 그와 같은 청년들이 불 일듯 일어나게 하자.'

사울의 인생이 달라졌을 것입니다. 이스라엘 초대 왕으로서 뿐만 아니라 이스라엘 최고의 왕이 되었을 것입니다. 또한 나라의 형편도 크게 달라졌을 것입니다.

서로 시기하며 다투는 제자들에게 예수님이 말씀하십니다.

이르시되 너희가 과연 내 잔을 마시려니와 내 좌우편에 앉는
것은 내가 주는 것이 아니라 내 아버지께서 누구를 위하여 예
비하셨든지 그들이 얻을 것이니라 마 20:23

27 너희 중에 누구든지 으뜸이 되고자 하는 자는 너희의 종이
되어야 하리라 28 인자가 온 것은 섬김을 받으려 함이 아니라
도리어 섬기려 하고 자기 목숨을 많은 사람의 대속물로 주려
함이니라 마 20:27~28

어떻게 하면 시기심에서 벗어날 수 있다고 말씀하십니까?
하나님과의 관계가 올바로 서면 시기심이나 경쟁심에서 벗어날
수 있다고 말씀하십니다. 끝까지 하나님만 바라보라고 하십니다.

그런데 가져도 좋을 시기심이 한 가지 있습니다. 오늘보다
나은 내일의 내 모습을 시기하는 것입니다. 이런 시기심을 가진
사람이라면, 끝없이 자신을 성찰하지 않겠습니까?

신앙이란 무엇입니까? 영성이란 무엇입니까? 시기심과 같
이 불필요하고 하찮은 감정에서 벗어나는 능력입니다. 사물을

있는 그대로 볼 줄 아는 능력이며, 쓸데없이 긴장 관계로 몰아가지 않는 능력입니다.

사회적 위치는 중요하지 않습니다. 무슨 일을 하는가도 그다지 중요하지 않습니다. 정말 중요한 것은 하나님 앞에서 나는 어떤 사람인가입니다. 자기만의 좁은 생각과 관점에서 벗어남으로써 경쟁심과 시기심에서 자유로워지기를 바랍니다.

일에서 우리가 얻을 것은 돈도 아니고, 권력도 아니고, 인기도 아니고, 자리도 아닙니다. 우리가 일터에서 맺어야 할 것은 하나님의 성품을 통한 열매여야 합니다. 내가 무슨 일을 하든 하나님께는 그 일이 그다지 중요하지 않습니다. 하나님께 중요한 것은 나의 사람됨입니다. 하나님 눈에 우리가 일을 잘하면 얼마나 잘하고, 일을 못하면 얼마나 못하겠습니까?

크리스천은 일터에서 세상 사람들과는 다른 차원에서 문제를 보기 시작하는 사람입니다. 관계를 새롭게 풀어나가기 시작하고, 할 수만 있다면 모든 사람과 화평합니다. 우리는 누구를 만나든, 어디를 가든 공감의 능력으로 사람들과 화평을 이루는 사람들입니다. 그런데 시기심과 경쟁심을 가지고 어떻게 화평할 수 있겠습니까?

사울은 모든 것을 가지고도 시기심 하나를 이기지 못해 나락으로 떨어졌습니다. 반면에 다윗은 기름부음을 받은 자신에게

쌀쌀했던 일곱 형들을 시기하지 않았고 그들의 냉대에 맞서지 않았습니다. 다윗은 자기를 죽이려고 달려드는 사울에게 복수할 권리조차 버렸습니다. 어떻게 그럴 수 있습니까? 모든 시기심에서 풀려났기 때문입니다.

시기심이나 열등감에 사로잡혀 자신의 미래를 망치고 있다는 사실을 놓쳐버리면, 신앙과 믿음이 무슨 능력이 있겠습니까? 일터의 바른 영성이란 무엇입니까? 시기심의 문제, 탐욕의 문제를 다스리는 능력입니다. 내 안의 문제는 나의 몫입니다. 내 밖의 문제는 하나님이 해결하십니다. 다른 사람 문제는 하나님의 일입니다. 하나님이 어떻게 일하시는지 지켜보는 것은 믿음의 자녀들에게 주어진 특권입니다.

내가 해결할 수 있는 것은 내가 해결해야 합니다. 내 문제가 해결되기 시작하면 나머지는 하나님이 뜻밖의 선물로 안겨 주실 것입니다. 다윗이 아둘람 동굴에 있을 때 왕이 될 줄 어떻게 알았겠습니까. 아기스 왕 앞에서 침을 질질 흘리고 미친 척했을 때 그에게 무슨 희망이 있었겠습니까. 다윗이 그 어려운 상황에서도 불평하지 않고 인격을 다듬었을 때 하나님은 그를 이스라엘의 가장 위대한 인물로 세우셨습니다. 아무도 주목하지 않을 때부터 하나님이 그 인생을 지켜보고 계셨습니다. 우리 한 사람한 사람을 하나님이 친히 지으셨습니다. 이것을 기억하면 사사로운 감정에서 풀려날 수 있습니다.

일과 영성은 분리할 수 없습니다. 하나입니다. 일터에서 더 사랑하십시오. 일터에서 아름다운 영성이 꽃피게 하십시오. 나머지는 하나님이 하십니다. 바른 믿음은 바른 영성입니다. 바른 영성은 바른 관계입니다. 바른 관계 속에 하나님이 계십니다.

1 나보다 뛰어나거나 큰 성과를 거둔 동료를 시기하거나 그를 험담한 적이 있습니까?

2 실력이 부족한 동료 때문에 화가 난 적이 있습니까? 무엇 때문에 화가 났습니까?

3 　　다른 사람을 시기하는 것과 다른 사람보다 스스로 우월하게 여기는 것의 결과를 비교해 보십시오. 시기심과 자부심은 어떻게 다릅니까?

4 　　일터에서 타인을 시기하는 동료들 사이에서 하나님의 사람으로 다른 모습을 보이며 바른 길을 어떻게 제시하겠습니까?

7

영성은 일상에서 빚어진다

영성에 관한 오해가 많은 만큼 영적인 삶에 관한 오해도 깊습니다. 심산유곡에서 수행하면 언젠가는 영적인 사람이 됩니까? 사람들의 과거와 미래를 알아맞히면 영적입니까? 영적인 기운이 짙은 장소를 찾아 혼자 오랫동안 수행하거나 기도하면 누구나 영적이 됩니까?

성경은 무엇을 영적인 삶이라 합니까? 창조주 하나님을 믿는다면 어디에 있든 무슨 일을 하든 하나님이 우리와 함께하심을 의식하는 것이 영성입니다.

사도 바울은 자신이 거듭난 후 비로소 참 영성을 알게 되었습니다. 그는 회심 전에도 바리새인으로서 누구보다 종교 생활에 충실했습니다. 그랬던 바울이 하나님을 그토록 열심히 추구했는데도 진정한 영성과는 거리가 먼 상태였다는 걸 깨닫고 나서 얼마나 충격을 받았겠습니까? 일생을 헌신했다고 생각했는데 하나님이 그의 헌신을 받지도 않으셨거니와 도리어 정반대의 길을 걷고 있었으니 말입니다. 그가 영적인 삶에 눈을 뜨고서는 이렇게 말합니다.

> 그러므로 형제들아 내가 하나님의 모든 자비하심으로 너희를
> 권하노니 너희 몸을 하나님이 기뻐하시는 거룩한 산 제물로
> 드리라 이는 너희가 드릴 영적 예배니라 롬 12:1

자기 몸을 산 제물로 드리는 것이 곧 영적인 예배라고 사도 바울은 말합니다. 여기서 영적인 예배란 논리적이며 이성적인 예배라는 뜻을 내포합니다. 논리나 이성과는 완전히 동떨어져 상반된 길을 가는 것이 영성이라고 착각해서는 안 됩니다. 몸은 예배드리려고 와 있는데 생각은 몸이 있는 곳과는 전혀 다른 곳에 있다면 그것은 예배가 아닙니다. 몸과 마음이 온전히 함께 있

는 것, 몸과 마음이 함께 몰입하는 것이 진정한 예배이자 영성입니다.

온전히 받아들이는
용기

우리는 사랑하는 사람에게 일부가 아니라 전부를 주고 싶어 합니다. 또한 우리가 사랑하는 사람에게서는 그 마음 전부를 받고 싶어 합니다. 그런데 만약 하나님을 예배하는 자리에 우리의 몸만 앉아 있고 마음은 딴 데 가 있다면 그 예배를 받으시겠습니까? 그리고 더 중요한 것은 마음 가는 곳에 몸이 가기 마련이라는 사실입니다.

왜 타락합니까? 마음을 먼저 빼앗겼기 때문 아닙니까? 마음이 가 있는 곳에 언젠가는 몸도 따라가 있을 것입니다. 이렇듯 영적인 삶은 몸 따로 마음 따로일 수가 없습니다.

따라서 참 예배는 몸과 마음이 온전히 하나 되는 순전한 경험입니다. 예배의 몰입을 단 한 번이라도 온전히 경험하고 나면 우리는 계속해서 예배를 사모하고 추구하게 됩니다. 왜 그럴까요? 기쁨의 차원이 달라지기 때문입니다. 사람들이 스포츠를 즐기는 이유도 여기에 있습니다. 축구나 농구를 하는데 마음이 딴 곳에 있으면 공을 어떻게 제대로 다룰 수 있습니까? 무슨 운동을 하든지 몸과 마음이 하나 되는 몰입의 상태여야 합니다.

운동만이 아니라 어떤 일을 하건 무슨 대화를 하건 온전히 몰입할 수 있기를 바랍니다. 사실 영성이란 일상 가운데서 몰입하고 있는 상태를 말합니다. 거짓의 영성은 틈만 나면 거짓에 골몰하는 태도이고, 음란의 영성은 종일 성적인 말과 생각에 나를 내어주는 태도입니다. 이에 반해 바른 영성은 하나님께 몰입하는 태도입니다. 단 한순간도 하나님 생각에서 벗어나지 않는 태도입니다. 그 태도는 내가 24시간 하나님께 연결되어 있음을 아는 자각입니다. 그는 언제나 하나님 안에 머물러 있습니다. 그의 일상은 하나님에 대한 몰입과 떼려야 뗄 수 없는 삶입니다.

성경에서 일상에 몰입하여 산 사람을 찾아보면 단연코 요셉을 떠올리게 됩니다. 그가 감옥에 간 이야기를 읽어 보십시오.

19 그의 주인이 자기 아내가 자기에게 이르기를 당신의 종이 내게 이같이 행하였다 하는 말을 듣고 심히 노한지라 20 이에 요셉의 주인이 그를 잡아 옥에 가두니 그 옥은 왕의 죄수를 가두는 곳이었더라 요셉이 옥에 갇혔으나 21 여호와께서 요셉과 함께하시고 그에게 인자를 더하사 간수장에게 은혜를 받게 하시매 22 간수장이 옥중 죄수를 다 요셉의 손에 맡기므로 그 제반 사무를 요셉이 처리하고 23 간수장은 그의 손에 맡긴

것을 무엇이든지 살펴보지 아니하였으니 이는 여호와께서 요
셉과 함께하심이라 여호와께서 그를 범사에 형통하게 하셨더
라 창 39:19~23

요셉의 아버지 야곱은 네 명의 아내를 두었는데, 그중 라헬
을 가장 사랑했습니다. 그런데 라헬이 오랫동안 아기를 갖지 못
했습니다. 다른 아내들에게서 아들 열 명을 둔 뒤에야 라헬이 요
셉을 낳았습니다. 야곱이 열한 번째 아들인 요셉을 얼마나 사랑
했던지 그 형들에게는 한 번도 입히지 않았던 채색옷을 입힐 정
도였습니다. 당시 물감이 귀했으므로 값비싼 채색옷을 아무나
입을 수 없었습니다. 지금으로 치면, 요셉에게만 명품 옷을 입힌
것입니다.

형들이 요셉을 미워했습니다. 게다가 요셉의 꿈 이야기가
형들의 미움에 기름을 부었습니다. 형들의 곡식 단이 자기 곡식
단에 절하고, 해와 달과 열한 별이 자기에게 절을 하더라는 꿈
이야기가 형들을 분노하게 했습니다. 결국, 형들은 요셉을 미디
안 상인들에게 팔아 버린 후 아버지 야곱에게는 요셉이 짐승에
게 잡혀 죽은 것 같다고 거짓말합니다.

요셉은 애굽에서 바로의 친위대장 보디발의 집에 팔립니다.
아버지의 사랑을 독차지하던 그가 하루아침에 노예가 되었습니

다. 너무 극적인 전략 아닙니까? 보통 사람 같으면 어떻게 할까요? 자살하는 사람도 있을 것입니다. 탈출하여 복수극을 펼치는 사람도 있을 수 있습니다. 그러나 대부분은 자포자기하고 노예로 살다 죽을 것입니다. 요셉은 어떻게 살았습니까? 그는 자살하지도 않았고, 복수하지도 않았고, 포기하지도 않았습니다. 그는 사람들이 보편적으로 선택하는 길로 가지 않았습니다.

요셉은 주어진 상황을 온전히 받아들였습니다. 그는 애굽이라는 새로운 환경에서 자신이 해야 할 일에 몰입합니다. 이 몰입은 단지 타협이나 적응으로 설명할 수 있는 것 이상입니다. 이 몰입은 믿음으로 상황을 온전히 수용하는 지극히 영적인 삶입니다. 성실히 일한 요셉은 보디발의 가정 총무가 되어 주인의 모든 소유를 관리합니다. 그런데 또다시 뜻밖의 고난이 찾아옵니다. 보디발의 아내가 요셉을 유혹하다가 뜻을 이루지 못하자 요셉이 자신을 범하려 했다는 누명을 씌웠습니다.

이런 억울한 일을 겪는다면 어떻게 해야 합니까? 결백을 주장해야겠지요. 그러면 보디발이 요셉의 말을 믿고 아내를 내쫓을까요? 아니면 끝까지 우기는 아내 때문에라도 요셉을 죽이고 말까요? 요셉이 그 상황을 받아들이지 못해 적극적으로 해명했다면 요셉은 아마 죽었을 것입니다.

요셉은 아무 말도 하지 않았고, 침묵한 채 감옥으로 갑니다.

이 침묵은 온전한 수용입니다. 또한 온전한 몰입입니다. 그래서 영적입니다. 지극한 영성입니다.

감옥에서는 어떻게 살아야 할까요? 억울함에 못 이겨 감옥 창틀에 목이라도 매고 죽어야 할까요? 기회를 엿보다 탈옥하여 보디발의 아내를 처단해야 할까요? 그냥 자포자기하고 죄수로 늙어 죽을까요? 요셉은 이 중 어느 것도 택하지 않았습니다. 그는 감옥의 상황을 있는 그대로 받아들입니다. 그리고 적극적으로 자신의 삶을 개척합니다.

요셉은 감옥의 일을 관장하는 전옥(典獄)이 됩니다. 그는 옥에 갇혀서도 결코 인생을 포기하지 않았습니다. 불평하며 살지 않았습니다. 함부로 살지 않았습니다. 그가 일상을 충분히 받아들였다는 삶의 증거가 무엇입니까? 그곳에서 왕의 측근인 술 맡은 자와 떡 굽는 자의 꿈을 해석해 준 것을 들 수 있습니다.

자포자기했다면 그들이 꿈을 꾸었든 말든 무슨 상관입니까? 그러나 요셉은 그들의 꿈을 해몽해 줍니다. 그의 말대로 떡 굽는 자는 처형되었고, 술 맡은 자는 복권되었습니다.

요셉은 술 맡은 자에게 복권이 되면 자신이 석방되도록 도움을 청했지만, 그는 요셉을 까맣게 잊었습니다. 그러면 서운하고 분노한 나머지 화병에라도 걸리지 않겠습니까? 되는 일이 하나도 없는데 어떻게 더 버팁니까? 내 인생이 도대체 왜 이러냐고 절망하지 않겠습니까? 그러나 그는 모든 삶의 환경을 수용하고 상황을 인정함으로써 부당하고 오해받는 일에 함몰되지 않았습니다.

분노에 찬 삶은 일상에 함몰되는 삶입니다. 수많은 사람이 일상에 함몰됩니다. 그 증거가 지치는 겁니다. 피곤해서 못 견딥니다. 그건 일상에 짓눌렸다는 뜻입니다. 그러나 일상에 적극적으로 몰입하는 사람은 짜증 내거나 분노하지 않습니다.

요셉만큼 분노의 이유와 명분이 충분한 사람이 어디 있습니까? 그는 충분히 항변할 만했지만 상황에 함몰되지 않았고, 주어진 현실에 몰입했기에 삶을 적극적으로 바꾸어 가기 시작합니다.

드디어 하나님의 때가 왔습니다. 바로가 꾼 꿈을 해석할 자가 없자 술 맡은 자가 요셉의 기억을 떠올렸습니다. 요셉은 드디어 서른 살이 되었고 하나님의 일을 할 때가 왔습니다. 그는 보디발의 집에서 노예로 살면서 애굽을 배웠습니다. 그리고 정치범 수용소에서 왕궁을 배웠습니다. 바로의 꿈을 지혜롭게 해석한 요셉은 애굽 온 땅의 총리가 됩니다.

여러분은 일을 어떻게 대합니까? 금요일만 손꼽아 기다리고 월요병에 시달립니까? 언제 또 징검다리 연휴가 시작되나 목을 빼고 기다립니까? 월급은 언제 나오나, 올해 연봉 인상은 얼마나 될까 자주 생각하면서 일합니까? 그렇다면 이미 일상에 몰입하기보다는 일상에 함몰되는 삶을 살고 있는 것입니다. 그 일상은 우리의 영성을 어떻게 빚고 있을까요?

어떤 사람은 일상에 삶을 다 소진하고 맙니다. 또 어떤 사람은 일상에서 날마다 영성을 가다듬고 키워 갑니다. 요셉은 후자의 사람입니다. 일상에 함몰되지 않고 오히려 일상에 몰입하는 삶을 삽니다. 이 삶이야말로 무엇보다 영적입니다.

요셉의 영성은 성전이나 수도원에서 빚어진 것이 아닙니다. 고통스러운 일터에서 그리고 일상에서 빚어진 것입니다. 일상은 우리가 영적인 사람이 되도록 하나님이 허락하신 환경입니다. 동의하기 어렵습니까? 내가 이해할 수 없고 동의할 수 없을 때에는 언제나 하나님이 옳습니다. 하나님은 우리에게 가장 좋은 것을 주십니다. 현실을 직시하고, 현실을 수용하고, 그리고 주어진 환경에서 삶에 몰입하면 하나님은 우리가 상상할 수 없는 방법으로 일하기 시작하십니다.

일상에 몰입하는
훈련

남아프리카공화국 최초의 흑인 대통령 넬슨 만델라(Nelson Mandela)의 일생은 감동을 주기에 족합니다. 그는 아파르트헤이트(Apartheid), 즉 인종 격리 정책을 종식시키기 위해 투쟁하다가 정치범이 되어 27년간 옥살이를 했습니다. 그는 아파르트헤이트를 반드시 종식시켜야 하지만, 남아프리카공화국은 어떻게든 유지해야 한다고 믿었습니다. 1990년 2월 11일 석방된 그는 줄루족 등 흑인 종족간의 갈등으로 복잡해진 상황 가운데 흑인 극단주의자들의 비난에도 불구하고 데 클레르크(Frederik Willem de Klerk) 대통령이 이끄는 백인 정부와 협상을 계속했습니다.

결국, 민주 선거를 관철시켰고, 이러한 공로로 1993년 데 클레르크 대통령과 함께 노벨 평화상을 수상했습니다. 이듬해 남아프리카공화국 최초로 실시된 흑인 참여 자유총선거에서 대통령에 선출되었습니다. 마침내 아파르트헤이트가 종식되었고, 350여 년에 걸친 인종 분규가 끝을 맺었습니다.

그의 말에서 내면의 깊은 영성이 배어나고 있습니다.

"인생에서 중요한 것은 삶을 살았다는 것 자체가 아닙니다. 우리 삶이 다른 이들의 삶에 얼마나 긍정적인 변화를 일으켰는가가 중요합니다."

"진정한 자유란 단지 사슬을 벗어 버리는 것이 아니라 타인의 자유를 존중하고 보장하는 삶을 의미합니다."

"인생의 가장 큰 영광은 한 번도 실패하지 않음이 아니라 실패할 때마다 다시 일어서는 데 있습니다."

만델라는 감옥에서 파괴되거나 허물어지지 않았습니다. 요셉처럼 그도 꿈을 버리지 않았기 때문입니다.

성경에서 기드온의 3백 용사가 선별되는 장면을 유심히 살펴볼 필요가 있습니다. 이스라엘이 싸워야 할 미디안 군대는 13만 5천 명이나 되었습니다. 이스라엘은 기껏해야 민병대 수준의 병력 3만2천 명을 모병했습니다. 그러나 하나님은 병력의 숫자가 너무 많으니 두려워 떠는 자들은 돌려보내라고 하십니다. 1만 명이 남았습니다. 그들을 물가로 데려가 물 마시는 태도를 살펴보게 하십니다. 손으로 물을 떠서 마시는 자와 무릎을 꿇고 엎드려서 물을 마시는 자로 구분합니다.

손으로 물을 떠서 마신 사람은 고작 3백 명입니다. 기드온은 마지막으로 선발된 3백 명으로 13만5천 명의 미디안 군대를 격퇴했습니다.

여호와께서 기드온에게 이르시되 너를 따르는 백성이 너무 많은즉 내가 그들의 손에 미디안 사람을 넘겨 주지 아니하리니 이는 이스라엘이 나를 거슬러 스스로 자랑하기를 내 손이 나를 구원하였다 할까 함이니라 삿 7:2

많은 병력으로 전쟁에서 이기면 자기들의 힘으로 이룬 줄 압니다. 선발된 3백 명은 깨어 있던 사람입니다. 전장에 나가는 병사라면 물 한 모금 마실 때라도 적을 의식해야 하는 법입니다. 그들은 정신없이 물을 마신 게 아니라 물을 움켜쥐고 사방을 살피면서 마셨습니다. 크리스천은 영적 군사로 부름받은 사람들입니다. 그렇기에 무슨 일을 하건 사방을 살피고 있어야 합니다. 그 자리가 술자리건 골프장이건 사방을 살펴보기 위해 깨어 있어야 합니다. 내가 깨어 있다면 그 자리는 영적인 자리가 됩니다.

술이 맛있어서 마음껏 마시다 의식을 잃어버리는 사람이 있는가 하면, 술 취한 동료들을 집에까지 잘 데려다 주는 사람이 있습니다. 깨어 있어 누군가를 보살피고 있다면 이 사람은 영적인 사람입니다. 술에 취해 주정을 부리고 툭하면 술좌석에서 시비를 일삼는 이는 자기밖에 모르는 사람입니다. 사람들의 고충을 들어주고 웅크린 등을 두드려 주며 그들을 끝까지 보살피고 눈에 띄지 않게 소리 없이 챙기는 것이야말로 그 어떤 것보다 영적인 행동입니다.

영적인 삶을 살기로 결단하면, 하나님은 어떤 상황에서도 인도하십니다. 교회에 다니면서도 육신에 져서 육신대로 사는 육적인 사람이 얼마나 많습니까? 우리 일상은 전쟁터입니다. 전쟁터가 싫어서 교회에 도피하는 교인의 삶이 영적인 삶이라고 착각하지 마십시오. 세상에 나가면 육적이고 교회 안에 있으면 영적입니까? 교회에서 한껏 거룩한 모습을 보이다가 교회 밖에서는 다른 사람들과 전혀 다를 바 없이 사는 것을 주님은 가장 싫어하십니다. 노래방에서도 영적인 노래를 부를 수 있고, 찬양을 불러도 육적인 노래가 될 수 있습니다. 하나님은 다 알고 계십니다. 교회 안에 있어도 육신의 욕망에 사로잡혀 있다면 그는 오히려 육적인 사람입니다. 교회 안과 밖의 삶이 딴판인 사람이 너무 많습니다.

예배드리는 한 시간이 중요합니다. 그 시간이 중요한 이유는 예배에 몰입하는 경험 때문입니다. 그 몰입의 기억으로 일상에도 몰입하는 것이 주님께서 바라시는 영성입니다. 그때 우리는 삶의 자리가 예배의 자리라고 고백할 수 있습니다. 참된 크리스천은 세상 한가운데서 일상의 영성을 빚는 훈련을 받고 있다는 사실을 기억하는 사람입니다. 내가 서있는 곳이 하나님께서 보내신 자리임을 잊지 마십시오.

당신은 꿈이 있습니까? 일상에 함몰되지 않고, 일상에 몰입하도록 인도하는 꿈이 있습니까? 숨 쉬고, 밥 먹고, 친구를 만나 얘기를 나누는 일상의 모든 순간에도 하나님을 의식하는 몰입의 삶을 살도록 하는 삶이야말로 진정으로 영적인 삶입니다.

영성은 일상에서 드러납니다. 일상의 영성이 능력입니다. 요셉의 삶을 관통하는 영성의 절정이 창세기 마지막에 기록돼 있습니다.

> ¹⁹ 요셉이 그들에게 이르되 두려워하지 마소서 내가 하나님을 대신하리이까 ²⁰ 당신들은 나를 해하려 하였으나 하나님은 그 것을 선으로 바꾸사 오늘과 같이 많은 백성의 생명을 구원하 게 하시려 하셨나니 ²¹ 당신들은 두려워하지 마소서 내가 당 신들과 당신들의 자녀를 기르리이다 하고 그들을 간곡한 말 로 위로하였더라 창 50:19~21

야곱이 죽자 형들은 요셉이 복수할까 봐 두려워했습니다. 그때 요셉이 형들을 진심으로 위로합니다. 요셉은 형들이 사과 하기 훨씬 전에 다 용서했습니다. 요셉이 만약 형들에 대한 분노 에 묶여 있었다면 어떻게 보디발의 집에서 열심을 다할 수 있었 겠습니까? 요셉이 형들을 용서하지 못해 끊임없이 괴로워했다 면 어떻게 감옥의 그 모든 상황에 몰입할 수 있었겠습니까? 요 셉은 꿈의 사람, 용서의 사람이었습니다. 그가 분노에 사로잡혔 더라면 그는 결코 총리의 자리까지 오르지 못했을 것이고, 이스 라엘의 열두 지파는 보존될 수 없었을 것입니다.

요셉은 분노가 하나님을 대신하는 교만임을 알았습니다. 우 리는 왜 분노합니까? 하나님을 대신하기에 그렇습니다. 왜 만족하지 못합니까? 하나님을 대신하기에 불만족스러운 겁니다. 무슨 일을 하든 그 일에 감사하기를 바랍니다. 하나님의 자리를 넘보지 않으면 주어진 환경을 전적으로 수용하게 됩니다. 전적으로 수용하면 전적으로 몰입하는 인생을 살게 됩니다.

일상의 영성은 하나님을 의식하는 데 있습니다. 하나님이 주신 꿈을 위해 일상에 몰입해야 합니다. 몸을 보십시오. 우리 몸은 정직합니다. 식사량을 줄이면 그 만큼 몸무게가 줄고, 손에 잡히는 대로 먹어 대면 그만큼 몸이 불어납니다. 금식이 왜 영성 훈련의 기본이 되는지 아십니까? 몸의 군살을 빼듯이 훈련을 통해 영적인 군살도 제거할 수 있기 때문입니다.

영성은 일상 밖에서는 추구할 수 없습니다. 매일의 삶 가운데 추구해야 합니다. 일반적으로 집중력의 한계 시간은 7분 내외라고 합니다. 스마트폰을 많이 쓰는 요즘은 더 짧아졌을지도 모릅니다. 그러나 예배 시간에 온전히 집중할 수 있다면, 일상에서도 몰입의 능력을 최대한 발휘할 수 있을 것입니다. 사람을 대할 때면 사람에게 집중하고, 대화를 나눌 때는 대화에 집중하고, 일할 때는 일에 집중하십시오.

나머지 인생행로는 하나님께 맡기십시오. 하나님은 우리가 먼일을 계획하기보다 눈앞의 일에 집중하기를 원하십니다. 지금부터 영원까지의 일은 하나님의 소관입니다. 일상이 소중한 까닭은 일상을 통해 우리 모두가 영적인 삶을 살기 때문입니다.

기억하십시오. 일상을 떠난 영성은 종교성에 지나지 않습니다. 종교 기관에서 가르치는 것을 영성의 기준으로 삼지 않기를 바랍니다.

1

나는 일상에 함몰되고 있습니까, 아니면 일상에 몰입하고 있습니까? 일상이 지겹다면 그 이유를 써 보십시오.

2

동료나 상사와의 불편한 관계 때문에 직장을 그만두고 싶을 때가 있습니까? 때가 되어 그만둡니까, 아니면 도피를 위한 핑계입니까?

3   어떤 상황이 나를 분노하게 합니까? 집에서, 직장에서, 교회에서, 학교에서 나를 힘들게 하는 요소가 무엇인지 말하고, 그것을 어떻게 해소해 갈지 이야기해 보십시오.

4   나는 하나님 앞에 참된 예배자입니까? 예배시간에 얼마나 하나님께 집중하는지 나눠 보십시오.

8

사람 낚는 일을 하라

미국의 인지언어학자 조지 레이코프(George Lakoff)는 저서 《프레임 전쟁》(Thinking points)에서 진보가 보수에 맞서는 전략을 제시했습니다. 그는 사람들의 언어가 사고와 행동에 미치는 영향을 정확히 파악합니다. 그가 말한 프레임(frame)은 유권자들이 선거를 바라보는 '생각의 틀'을 의미합니다. 그는 선거를 프레임 간의 전쟁으로 정의하고, 선거에서 이기기 위해서는 먼저 프레임 전쟁에서 승리해야 한다고 가르칩니다.

근래 정치권의 보수 대 진보 프레임 논쟁이 거셉니다. 예수님이 과연 보수인가 진보인가에 대해 논쟁하는 사람들도 있습니다. 그러나 예수님은 어느 프레임에도 갇히지 않습니다.

예수님은 사물에서
인간으로 프레임을 옮기셨다

우리는 여러 프레임을 가지고 세상을 바라봅니다. 인간이 생각할 수 있는 모든 프레임이 성경에 있습니다. 성경의 궁극적인 목적은 하위 프레임에 갇힌 인간을 구원하여 상위 프레임으로 사고 체계를 전환시켜 주는 것입니다. 예수님이 오셔서 세계를 바라보는 프레임을 바꿔 주셨습니다. 그로 인해 프레임 전쟁이 시작된 것입니다.

사람들은 섬김을 받으려고 하지만, 예수님은 섬기러 오셨습니다. 사람들은 살려고 아등바등하지만, 예수님은 죽으러 오셨습니다. 예수님은 사회 전체를 충격에 빠뜨리는 프레임을 던지신 것입니다. 그래서 예수님 때문에 역사가 BC와 AD로 나뉘지 않았습니까?

예수님이 우리에게 주신 프레임은 무엇입니까? 그것을 알아야 예수님을 깊이 이해할 수 있게 되고, 그분을 따르는 데 갈등이 없어집니다.

예수님이 제자를 부르시는 장면을 보십시오.

¹⁸ 갈릴리 해변에 다니시다가 두 형제 곧 베드로라 하는 시몬
과 그의 형제 안드레가 바다에 그물 던지는 것을 보시니 그
들은 어부라 ¹⁹ 말씀하시되 나를 따라오라 내가 너희를 사람
을 낚는 어부가 되게 하리라 하시니 ²⁰ 그들이 곧 그물을 버려
두고 예수를 따르니라 ²¹ 거기서 더 가시다가 다른 두 형제 곧
세베대의 아들 야고보와 그의 형제 요한이 그의 아버지 세베
대와 함께 배에서 그물 깁는 것을 보시고 부르시니 ²² 그들이
곧 배와 아버지를 버려두고 예수를 따르니라 마 4:18~22

예수님이 제자를 찾아 갈릴리 해변을 탐색하셨습니다. 그러
다가 어부인 시몬과 안드레 두 형제의 일터를 방문하셨습니다.
예수님이 그들에게 다가가 말씀하십니다.

"나를 따라오라. 내가 너희를 사람을 낚는 어부가 되게 하리
라."

평생 물고기를 낚아 온 어부에게 사람을 낚으라니요? 그들
은 배와 그물도 갖추고 있는 프로 어부들입니다. 그들은 물고기
를 잡아 생계를 해결해 왔습니다. 그런데 그들이 한 번도 생각해
본 적이 없는 이야기를 예수님이 던지십니다.

"너희들은 언제까지 물고기만 낚고 있을 거니? 이제부터 사람을 낚을 수 있게 해 주마."

예수님이 생각하시는 프레임이 이 한 마디에 농축되어 있습니다. 그분이 이 땅에 오신 목적을 드러내는 말씀입니다.

시몬과 안드레는 사람을 낚는다는 생각을 해본 적이 없습니다. 물고기는 그물과 낚싯바늘로 낚으면 되지만, 사람을 어떻게 낚는다는 말입니까? 그들에게는 갈릴리 호수와 물고기가 삶의 전부입니다.

그런데 예수님은 어부들의 소박한 생각의 틀을 한순간에 부수어 버리십니다. 두 사람의 사고 체계를 고정해 온 프레임을 깨뜨리고, 새로운 프레임으로 전환시키는 작업을 시작하신 것입니다. 새로운 프레임이란 무엇입니까? 물고기만 잡는 인생이 아니라 사람을 건져 올리는 삶으로 틀을 바꾸시겠다는 것입니다. 일과 직업의 가치를 새롭게 정의함으로써 인생의 의미를 새롭게 하십니다.

우리는 일터에서 물고기 잡느라 정신이 없습니다. 생업을 유지하느라 허덕입니다. 물고기가 많이 잡히면 기쁘고 적게 잡히면 기운이 빠집니다. 교회에 다니면서도 세상 사람과 다를 바 없이 이익을 추구하고 자신과 다른 사람의 생명을 갉아먹더라도 욕망을 채우고자 삶을 소진하는 사람들에게 주님이 말씀하십니다. 먹고사는 데 매달리는 것이 인생의 전부가 아니라고 선언하십니다. 일이 인생의 전부가 아닙니다. 일은 상위 목적을 위한 것에 지나지 않는다는 진실에 눈뜨게 하십니다.

예수님은 물고기만 좇던 눈을 들어 사람을 바라보게 하십니다. 먹고사는 게 인생의 전부인 줄 알고 살아가는 우리에게 눈을 들어 사람을 바라보고 사람의 가치에 눈을 뜨라고 하십니다. 우리가 하고 있는 일을 생계를 위한 수단적 가치에서 생명을 위한 실존적 가치, 인간과 생명의 가치로 다시 바라보게 하시는 것입니다. 즉 사물에서 인간으로 프레임을 옮기셨습니다.

예수님은 시몬과 안드레를 부른 후에 야고보와 요한 형제도 부르셨습니다. 그들은 그물을 깁다가 예수님이 부르시자 배와 아버지를 버려두고 예수님을 따라나섰습니다. 예수님은 제자들을 일일이 모으셨고, 그들을 통해 교회의 기초를 만드셨습니다. 이제는 그 교회 공동체가 세상 모든 사람을 낚는 구원의 일을 하게 하십니다.

매너리즘의 위험에서
벗어나라

일하다 보면 매너리즘에 빠지게 됩니다. 이 일을 왜 해야 하는가에 관한 고민이 슬그머니 사라집니다. 일의 가치에 관한 생각이 멈추고, 하던 일로 먹고사는 데 익숙해집니다. 점점 일과 휴식 사이에서 어떻게 하면 더 많은 휴식을 취할 수 있을까, 어떻게 하면 더 많이 벌어서 더 많이 쉴 수 있을까 생각하기 시작합니다.

많은 사람이 일확천금을 꿈꾸며 주식 시장에 뛰어듭니다. 하지만 주식 투자로 돈을 번 사람이 얼마나 됩니까? 주식으로 돈을 번 사람은 극소수이고 잃은 사람이 훨씬 많습니다. 그런데도 왜 사람들은 자기 일보다 주식에 더 큰 관심을 둡니까? 무엇 때문에 끝내 원치 않는 결과를 맞이하고, 당황하며, 파멸로 접어듭니까?

일터에서 일해야 할 시간에 주가를 살피고 주식 매매를 하는 것은 명백한 근무 태만이며 직무 유기입니다. 그런데도 죄의식이나 위기의식이 없습니다. 일이 주는 기쁨보다 주가 등락과 주식 매매로 인한 손실과 이익이 주는 희로애락에 더 깊이 빠져듭니다. 이러니 일에서 무슨 보람을 찾고, 일에서 무슨 성과를 거두겠습니까?

그런데 왜 이 지경에 이른 것입니까? 프레임이 깨졌기 때문입니다. 프레임이 없거나 손상된 사람은 충동적이 됩니다. 크건 작건 프레임이 분명해야 삶의 목적과 방향이 분명해집니다.

일하다가 매너리즘에 빠진 듯하면 기존의 프레임을 점검해야 합니다. 그것을 수리하든지 바꾸든지 하지 않으면, 헐거워진 프레임과 함께 무너지는 삶을 살게 될 것입니다. 어떻게 대처해야 합니까? 믿음을 새롭게 하는 것입니다. 신앙은 프레임을 송두리째 새롭게 점검할 기회를 줍니다. 날마다 그 프레임을 새롭게 하는 능력이 있기 때문입니다. 왜 날마다 일터로 나가야 하는지, 왜 그 직장이어야 하는지, 왜 그 일을 해야만 하는지 모든 것을 점검하게 합니다.

일의 결국은 사람을 살리고
변화시키는 것이다

사실 예수님을 따른다는 건 보통 결정이 아닙니다. 인생에서 베드로와 안드레와 같은 결정을 해본 적이 있습니까? 해본 적이 없다면, 프레임에 관한 이해가 아직 부족하다는 뜻입니다. 왜냐하면, 프레임이란 거창한 제의나 수락만이 아니기 때문입니다. 학창 시절에, 공부하고 있는데 친구가 영화 보러 가자고 불러낼 때 선뜻 따라나서 본 경험이 있을 것입니다. 공부 프레임에서 영화 프레임으로 쉽게 옮겨가지만, 이 결정 하나로 어쩌면 인생 전체가 바뀔 수도 있습니다. 그것을 누가 알겠습니까? 컴퓨터공학과에 가려던 학생이 이때 본 영화 한 편 때문에 연극영화과로 진학하여 영화감독의 길을 걷게 될지도 모르고, 주인공이 겪는 사회적인 억압에 분노한 나머지 법대를 선택해서 변호사의 길을 걸을지도 모릅니다. 프레임의 변화는 그와 같은 선택과 결정에 의해 일어납니다.

도대체 우리가 어떻게 하면 일터에서도 영적인 삶을 살 수 있을까요? 예수님을 따르기 위해서라면 직장이나 일을 버릴 필요는 없습니다. 예수님이 누구에게나 그렇게 부르신다면 우리 일상의 균형 전체가 허물어질 것입니다. 예수님은 우리가 무슨 일을 하든 돈만을 위해서가 아니라 사람을 살리되 삶의 의미와 목적을 바꾸어 주는 일을 하도록 부르십니다.

세상의 어떤 프레임도 예수님이 주시는 프레임과는 비교할 수 없습니다. 사람들이 제시하는 프레임에 쉽게 말려들지 않도록 주의하십시오. 모든 프레임에는 사회적, 정치적, 경제적 이슈나 어젠다(agenda)가 담겨 있기 마련입니다. 세상의 프레임을 따라가면 누군가를 추종하는 세력이 될 뿐 인간의 본질적 문제를 해결하고자 하는 예수님의 뜻과는 상반될 수 있다는 사실을 주목해야 합니다.

예수님은 분주하게 물고기를 잡으러 가는 우리에게 "나를 따르라"라고 말씀하십니다. 우리는 이해관계를 따라 득이 되면 따르고 손해를 보면 떠납니다. 그러나 주님은 사람을 소중히 여기고, 사람을 살리고 변화시키는 일에 먼저 관심을 가지라고 부르십니다. 예수님의 프레임은 구원의 프레임이며 생명의 프레임입니다. 예수님이 사람을 낚아 올리라고 하신 것은, 사람의 가치를 복원시키고 회복하라는 뜻입니다. 우리는 하나님의 형상대로 지어졌습니다. 하나님의 형상을 회복하는 일에 우리를 초청하신 것입니다.

크리스천 CEO인 서덕수 씨는 한동대와 하버드에서 공부한 후 베트남에서 새 삶을 개척하고 있는 분입니다. 그는 예수님의 부르심대로 사람을 낚는 걸 목표로 사업을 하고 있습니다.

"우리는 베트남에서 아파트를 건설하고 있습니다. 많은 사람이 2~5억 정도 하는 고가 아파트를 짓습니다. 베트남은 1억 인구에 GDP가 2,000달러 수준입니다. 그런데 과연 고가의 아파트를 살 수 있을까 싶습니다. 호치민 시에 1천만 명이 사는데 정상적인(기둥 있고 제대로 된 구조물이 있는) 집에 살고 있는 사람은 절반밖에 안 됩니다. 나머지 5백만 명은 짓다 만 집에서 살거나 낙후된 집에서 살고 있습니다.

우리의 주제는 사람입니다. 많은 사람이 살 수 없는 집을 짓는 게 무슨 의미일까 고민했습니다. 주님이 우리를 사람을 낚는 건축가로 불러 주셨다는 생각을 하니, 고가 아파트를 짓는 것은 의미가 없었습니다. 그래서 최대한 단가를 낮춰서 서민들이 살 수 있도록 지었습니다. 덕분에 많은 사람이 우리가 지은 아파트에서 행복하게 살고 있습니다. 그러나 우리가 짓는 저가 아파트는 당장 돈이 안 되기에 투자자들이 관심을 보이지 않습니다. 이를 위해 간절히 기도했을 때 비전을 공유하는 투자자들이 나타나서 우리를 도와주었습니다.

최근에는 동남아 여러 나라에서 우리 회사에 관심을 보이고 있습니다. 미얀마에 가 보니 주거 환경이 매우 열악합니다. 미얀마 정부 관계자가 우리가 공급하는 서민 주택에 관심을 보였습니다.

하나님이 '수고했다 덕수야' 하실 때까지 제가 붙잡을 롤모델은 느헤미야입니다. 느헤미야처럼 나라와 민족과 사회를 위해서 도시를 지을 생각입니다."

참 멋진 인생 아닙니까? 사람의 가치를 세우고 존중하면 하나님이 부족한 것을 채워 주십니다. 사람을 세우는 데서 행복을 찾으십시오. 사람을 존중하고 섬기십시오. 가치 없는 사람을 가치 있게 만드는 일에 자기 생명을 쏟는 이야말로 진정한 신앙인입니다. 인생을 길게 보십시오. 하나님은 절대 손해 보게 안 하십니다. 하나님 안에서 얻는 기쁨은 영원합니다. 그리고 그가 걸어가는 모든 여정은 참된 영성의 길입니다.

그룹 토의

1   나에게 일은 어떤 의미입니까? 생계 수단에 지나지 않습니까, 아니면 그 이상의 의미가 있습니까?

2   일터에서 나는 어떤 마음가짐으로 일합니까? 내가 하는 일이 사람들에게 유익합니까?

3 일터에서 나는 업무 외에 인터넷 서핑이나 사적인 일을 하는 데 시간을 얼마나 보냅니까?

4 다음 밑줄을 채우고 돌아가며 읽어 봅시다.

· 나는 어떤 ○○인가?(프로그래머, 회계사, 영업자, 주부, 학생 등 자기 직업을 씁니다.)

_____

· 나는 사람들에게 _____를 선사하기로 다짐합니다.

9

무슨 일로 갈등하나?

기자 초년 시절에 살인 사건 현장이나 사고 현장에 자주 다녔습니다. 삶과 죽음이 한순간에 갈라진 곳을 다니면서 시신을 많이 봤습니다. 그중에 가족 간의 살인 사건을 취재하는 것이 가장 어려웠습니다. 세상에서 가장 가까워야 하고 누구보다 사랑해야 할 관계가 가족 아닙니까? 어떻게 부부간에, 부모 자식 간에, 형제자매 간에 살인할 수가 있습니까?

애석하게도 가능합니다. 성경은 창세기에서부터 형제의 살인 사건을 기록하고 있습니다. 아담과 하와 사이에 가인과 아벨이 태어났습니다. 두 형제가 하나님께 제물을 드렸습니다. 가인은 땅의 소산으로, 아벨은 양의 첫 새끼와 그 기름으로 각각 제물을 드렸습니다. 하나님이 동생 아벨과 그의 제물은 받으셨지만, 가인과 그의 제물은 받지 않으셨습니다.

가인은 거절의 상처에서 헤어나지 못합니다. 자기 자신 안에서 자라나는 분노를 어쩌지 못합니다. 하나님이 그에게 "네가 그 분노에 걸려 넘어질 것이다"라고 말씀해 주셨지만, 결국 살인의 길로 치닫고 말았습니다. 동생 아벨을 돌로 쳐 죽인 것입니다.

.

내가 더 중요하기에
갈등한다

상처는 무서운 힘을 지녔습니다. 깊은 상처의 골 위에 분노가 쌓이면 언젠가는 폭발하고 맙니다. 놀랍게도 분노는 살인으로 귀결됩니다. 예수님은 이웃을 욕하고 비웃으며 조롱하는 것도 살인이라고 말씀하셨습니다.

우리는 일터에서 이와 같은 비인격적인 일들을 겪습니다. 물론 이런 일로 인해 직접 살인하는 경우는 흔치 않습니다. 그러나 이런 일로 인한 살인의 동기는 우리 안에 꾸준히 축적될 수 있습니다. 이 분노는 어떻게든 다스려야만 합니다. 우리 안에서 축적되고 끓어오르는 분노를 내버려두면 이 분노는 기어이 사건을 일으킵니다. 그런데 왜 일터에서 분노의 싹과 같은 갈등이 그토록 잦을까요? 갈등이 빚어지는 주된 이유가 무엇입니까?

예수님이 십자가를 지러 예루살렘으로 올라가는 길에 제자들에게 십자가의 길이 무엇인지 가르쳐 주십니다. 이어서 십자가의 죽음이 끝이 아니라 반드시 부활이 있으리라고 말씀해 주십니다. 그때 두 제자 야고보와 요한이 어머니와 함께 나타납니다. 어머니가 예수님께 청탁합니다.

나의 이 두 아들을 주의 나라에서 하나는 주의 우편에, 하나
는 주의 좌편에 앉게 명하소서 마20:21

이제 예루살렘에 입성하면 왕위에 오르실 테니 두 아들을 챙겨 달라는 부탁입니다. 참으로 인간적인 청탁입니다. 그러나 예수님은 자신의 좌우편 자리는 하나님 아버지께서 정하신다고 말씀하셨습니다.

예수님이 십자가 이야기를 세 번이나 들려주셨음에도 불구하고, 요한과 야고보를 비롯한 제자들은 하나같이 상황 파악을 제대로 하지 못했습니다. 다른 제자들이 이 일에 분노했습니다. 열두 제자들 사이에 미묘한 기류가 흐르고, 그들은 서로를 의심

의 눈으로 바라봅니다. 마음속으로 자기들 중에 과연 누가 가장 높은 자리에 앉을지 따져보느라 머릿속이 복잡한 제자들에게 예수님이 말씀하십니다.

> 24 열 제자가 듣고 그 두 형제에 대하여 분히 여기거늘 25 예수께서 제자들을 불러다가 이르시되 이방인의 집권자들이 그들을 임의로 주관하고 그 고관들이 그들에게 권세를 부리는 줄을 너희가 알거니와 26 너희 중에는 그렇지 않아야 하나니 너희 중에 누구든지 크고자 하는 자는 너희를 섬기는 자가 되고 27 너희 중에 누구든지 으뜸이 되고자 하는 자는 너희의 종이 되어야 하리라 28 인자가 온 것은 섬김을 받으려 함이 아니라 도리어 섬기려 하고 자기 목숨을 많은 사람의 대속물로 주려 함이니라 마 20:24~28

갈등의 골이 깊어지면 분노가 그 골짜기를 채우기 마련입니다. 갈등하던 제자들의 분노가 폭발합니다. 십자가를 지러 간다는 예수님의 말을 이해하지 못한 제자들의 본성이 드러납니다. 십자가가 바로 눈앞인데 제자들이 다투고 있으니 예수님의 속이 어떠셨겠습니까? 그런데 이런 상황에서도 갈등하는 이유는 무엇입니까?

갈등을 빚는 첫 번째 이유는 내가 더 중요해져야 한다는 생각 때문입니다. 예수님은 그들의 다툼을 권력에 비유해서 말씀합니다. 왜냐하면, 모든 다툼은 권력 다툼이기 때문입니다.

"권력이란 남을 부리는 힘이요, 권력자는 높은 자리를 원하는 법이다. 그러나 너희가 갈 길은 권력의 길이 아니다. 그 길을 가서는 안된다. 권력의 길은 남보다 더 크고자 하는 욕망에서 비롯되었으나, 내가 갈 길은 그와 다르다. 다른 사람들 위에 군림하는 자가 되지 말고, 남을 섬기는 자가 되어라."

싸움의 본질은 누가 더 큰지를 다투는 데 있습니다. 내가 더 중요하고 더 크다고 생각하는 사람이 항상 문제를 일으킵니다. 남들보다 더 크고자 하는 사람들, 남들에게 섬김을 받고자 하는 사람들이 문제를 안고 다닙니다. 가정에서도 왜 다툼이 일어납니까? 남편과 아내가 서로 권력 다툼을 하기 때문입니다. 부부싸움도 본질은 권력투쟁입니다.

예수님이 이 땅에 오신 목적을 분명하게 선언함으로써 갈등을 원천적으로 해결할 길을 제시해 주십니다.

"나는 섬김을 받으러 온 것이 아니라 오히려 섬기러 왔다. 남의 목숨을 취하러 온 것이 아니라 내 목숨을 내어 주러 왔다. 많은 사람이 치러야 할 죗값을 내 목숨으로 대신 치를 것이다."

예수님이 오신 곳은 성전이 아니라 갈등의 현장이었습니다.

예수님은 왕궁이 아닌 마구간에서 태어나셨습니다. 예수님은 세례를 받은 뒤 수도원에 들어가지 않고, 갈등과 반목의 현장으로 가셨습니다. 그러나 갈등을 해결하기 위해 투쟁하지 않으셨습니다. 로마제국에 맞서 싸우시지 않았고, 철옹성과 같은 종교 기득권 세력과 다투지도 않았습니다. 예수님은 그냥 그들이 지워 주는 십자가를 지셨습니다. 자기 목숨을 순순히 내놓으시고, 골고다 언덕에 피를 뿌리셨습니다. '해골'이라는 뜻의 골고다는 죽음의 언덕입니다. 그 죽음의 자리에서 생명을 쏟으셨습니다. 그 죽음의 언덕에서 생명을 흘려보내기 시작하셨습니다.

갈등과 불만이 없는 일터는 없습니다. 일하다 보면 갈등 상황에 놓일 때가 반드시 있습니다. 누가 얼마만큼의 몫을 가져야 하는지에 관해 모두가 기쁘게 합의하는 사례는 눈을 씻고 찾아도 찾기가 어렵습니다. 자본주의, 사회주의, 공산주의 등 체제마다 각기 다른 해결 방식을 주장하지만, 어떤 방식이건 구성원 전체를 만족시키는 해법은 없습니다.

한 가지 예외가 있습니다. 서로 사랑하는 공동체입니다. 사랑하는 공동체는 갈등을 벗어나 기꺼이 합의할 수 있습니다. 사도행전에 기록된 초대교회가 그랬습니다. 교회 공동체가 탄생하면서 이상한 일이 벌어졌습니다. 누가 요구하거나 부탁한 적이 없는데 집과 밭을 팔아서 사도들의 발 앞에 내려놓는 사건이 잇

따랐습니다. 제힘으로 살아갈 수 없는 사람들의 필요를 채워 주기 위해 스스로 자기 소유를 포기한 사람들이 나타났습니다. 그들 사이에 가난한 사람이 없어졌습니다. 부자가 가진 것을 팔아 부족한 사람들을 돕는데 어떻게 부자와 빈자로 나뉠 수 있겠습니까?

그러면 공산주의가 해법일까요? 아닙니다. 공산주의가 문제를 해결해 주리라고 믿는 사람들이 아직도 있지만, 권력에 의한 공산주의식 분배는 답이 되지 않는다는 사실은 이미 검증이 끝났습니다. 그러면 자본주의가 답입니까? 아닙니다. 자본주의보다 탐욕을 부추기는 이념은 없습니다. 빈익빈 부익부의 악순환은 자본주의의 필연적 산물입니다. 사회주의는 어떻습니까? 정부의 규모와 역할 논쟁에 끝이 없습니다. 무엇이 답입니까? 복음입니다. 그리스도를 주로 고백하는 사람들의 자발적인 권리 포기만이 답입니다. 어떤 이념이건 권력으로 강제할 때는 지옥보다 더한 곳을 만들고 맙니다.

예수님은 갈등 문제를 어떻게 해결하십니까? 인간 존재의 목적을 기억하는 데서 시작하라고 하십니다. 인간은 하나님의 피조물입니다. 피조물이란 창조주에게 속한 존재로서 반드시 창조된 목적이 있습니다. 따라서 창조주를 잊는 것은 피조물이 겪는 가장 큰 비극입니다. 하나님이 없다는 주장은 가장 큰 어리석음입니다. 성경은 하나님을 떠난 것이 죄의 뿌리, 곧 원죄라고 말합니다. 내가 하나님같이 되려고 하는 것이 죄의 근원, 곧 원죄라고 선언합니다.

예수님은 제자들에게 십자가에 관해 말씀하기 전에 천국 이야기를 들려주셨습니다.

"천국은 먼저 된 자가 먼저 들어가는 곳이 아니다. 나중 된 자가 먼저 들어갈 수 있는 곳이다."

이것은 예수님을 찾아온 한 부자 청년 때문에 들려주신 이야기입니다. 부자 청년이 어떻게 해야 영생을 얻을 수 있는지 예수님께 물었습니다. 예수님이 하나님의 계명을 지키며 살면 된다고 말씀하시자 이 청년은 자신만만합니다. 자기가 이 모든 계명을 지키고 있는데 뭘 더 해야 하는지 재차 묻습니다. 예수님이 청년을 애처롭게 쳐다보며 말씀하십니다.

"네가 가진 것을 다 팔아서 가난한 자들에게 나눠 주고 나를 따라오너라."

부자 청년이 예수님의 말에 순종했을까요? 가진 것을 모두 나눠 주고, 예수님을 따라나섰을까요? 아닙니다. 청년은 근심이 가득한 채 돌아갔습니다. 그만큼 자기 소유와 자신의 권리를 포기하기란 어렵습니다.

내 것이라 착각하기에
갈등한다

갈등을 빚는 두 번째 이유는, 내 것이 아닌데 내 것이라고 생각하기 때문입니다. 주인의 것을 내 것으로 착각하는 소유 의식의 혼란이 갈등의 원인입니다. 예수님이 포도원 품꾼 비유를 들어 설명해 주십니다.

포도원 주인이 아침 아홉 시에 일을 시작한 사람이나 낮 열두 시에 온 사람이나 오후 세 시에 온 사람이나 다섯 시에 와서 고작 한 시간만 일한 사람이나 모두 똑같이 한 데나리온을 일급으로 주었습니다. 먼저 와서 일했던 일꾼들이 이해할 수 없다는 표정으로 항의합니다.

"어떻게 이럴 수 있습니까?"

그러자 포도원 주인이 물끄러미 쳐다보다가 대답합니다.

"내가 내 것을 가지고 내 뜻대로 나눠 주는데, 네가 나를 악하게 보느냐?"

우리는 아무것도 소유할 수 없습니다. 실제로 내 것은 아무것도 없기 때문입니다. 내 것이면 왜 빈손으로 가겠습니까? 우리는 하나님이 잠시 맡겨 주신 것을 맡고 있을 뿐입니다. 어떤 사람에게는 많이 맡기고 또 어떤 사람에게는 적게 맡기셨습니다.

어차피 내 것도 아닌데 많이 맡는다고 뭐가 달라집니까? 왜 더 맡겠다고 야단입니까? 오히려 안됐다는 생각이 들어야 정상 아니겠습니까? 잠시 맡고 있을 뿐인데도 얼마만큼 맡느냐를 두고 끝없이 다툽니다.

포도원 주인이 일당을 나눠 주고 말없이 떠난다면, 그 후에 어떤 일이 벌어질까요? 다툼이 시작되지 않겠습니까? 모두 받은 것을 내놓고 일한 만큼 계산해서 합리적으로 재분배해야 한다고 주장하지 않겠습니까? 누군가는 아예 조를 짜서 시간대별로 출근하자고 제안할지도 모릅니다. 아침 아홉 시에 왔던 사람은 다음 날 오후 다섯 시에 출근하면 되지 않겠습니까? 어느 쪽이건 주인의 분배가 부당하다고 생각하는 태도는 같습니다. 부당한 대우를 말없이 참고 견딜 사람은 없습니다. 오후 다섯 시부터 일한 사람도 당하고만 있지는 않을 것입니다.

"당신이 포도원 주인이라도 돼? 왜 내가 받은 일당을 가지고 당신이 시비야?"

아무도 잠잠할 수 없을 것입니다.

왜 이런 일이 벌어집니까? 피조물이라는 자신의 존재를 잊었기 때문입니다. 자기 몫은 자기가 정해야 한다는 생각이 은연중에 나를 설득한 것입니다. 내가 인정하고 동의하고 수용할 수 있는 방식으로 문제가 해결되어야 한다는 생각에 내가 설득당한 것입니다.

여기가 끝이라고 생각하기에
갈등한다

갈등을 빚는 세 번째 이유는, 여기가 끝인 줄 알아서입니다. 죽음이 끝이라고 생각하기 때문입니다. 초등학교가 끝이 아니고, 중고등학교나 대학이 끝이 아닙니다. 직장이 끝이 아니고, 죽음이 끝이 아닙니다. 인생의 계산은 여기서 끝나지 않습니다.

역사의식을 가진 사람과 가지지 않은 사람은 생각하는 것이나 말하는 것이 다릅니다. 깨닫는 것이 다르기 때문입니다. 마찬가지로 사후(死後)를 인식하며 사는 사람과 사후에 대한 인식이 결여된 사람은 말하는 것과 생각하는 것과 깨닫는 것이 다릅니다. 다만 모르는 사람이 안타까울 따름입니다.

왜 갈등합니까? 무엇이 진짜 중요한지를 모르고, 진짜 주인이 누구인지를 모르고, 죽어서 어떻게 되는지를 모르기 때문입니다. 그러나 진리를 아는 사람은 다투지 않습니다. 모르는 사람과 왜 갈등을 빚겠습니까? 철들지 않은 아이들과 왜 싸우겠습니까? 다만 모르는 사람이 안타까울 따름입니다.

예수님은 손발에 못이 박히면서도 저들을 용서해 달라고 기도하셨습니다. 스데반은 복음을 전했다는 이유로 돌에 맞아 죽어 가면서도 "이 죄를 그들에게 돌리지 마옵소서"(행 7:60) 하고 기도했습니다. 주기철 목사님은 자신을 끔찍하게 고문하는 일본 경찰에게 "예수님이 당신을 사랑하시오"라고 알려 주었습니다.

피스메이커로
사십시오

일터의 영성은 어떠해야 합니까? 반드시 일한 만큼 받아야 합니까? 아니면 받은 만큼만 일해야 합니까? 다른 사람보다 더 받아야 합니까? 동료들과 열띤 경쟁을 벌이고 윗사람과 항상 갈등해야 합니까?

저마다 입장이 있습니다. 내 입장을 고집하는 것이 곧 갈등의 원인이 됨을 알지 못하면 내 고집에 내가 휘둘려서 결국 더 큰 갈등 속으로 빨려들게 됩니다. 내가 먼저 갈등 구조에서 벗어나야 갈등 상황을 해결하는 피스메이커가 됩니다. 예수님이 십자가를 지신 것은 피스메이커가 되기 위함이지 트러블메이커가 되기 위함이 아닙니다. 자신의 권리만을 주장하는 한 갈등은 해결되지 않습니다. 나 자신이 갈등에서 자유로워야 갈등 속으로 뛰어들 수 있습니다. 예수님은 십자가를 지심으로 갈등 상황에 놓인 양쪽 모두를 구원하셨습니다.

일터는 곧 전쟁터입니다. 전쟁이 한창인데 자기 몫을 목청 껏 주장하는 군인은 없습니다. 내 몫은 전쟁이 끝난 후에 생각해도 늦지 않습니다. 더구나 손해 보기로 결정하면 이해할 수 없는 사건들이 생깁니다. 분명 손해를 각오했는데 생각지도 않았던 곳에서 그 손해를 메우고도 남는 것을 공급해 주시는 손길을 경험합니다. 때로는 물질적인 손실과는 비교할 수 없는 기쁨과 평강을 덤으로 받습니다. 크리스천들이 믿음을 가지고 담대히 살아가면 세상이 여러분을 궁금하게 생각할 것입니다. 어떤 사람들은 내심 두려워하게 될 것입니다.

어떻게 하면 일터에서 영적인 삶을 살 수 있습니까? 치열하게 살아야 합니다. 예수님을 모르는 사람보다 더 열심히 일해야 합니다.

미국에서 신학을 공부할 때 학생들을 보고 놀랐습니다. 필기 노트를 보여 달라고 할 때 거절하는 학생이 한 명도 없었습니다. 그들은 주변 사람을 도와야 한다는 의식이 몸에 밴 것 같았습니다. 낯선 사람에게도 "May I help you?" 하고 인사하지 않습니까? "내가 도와줄게요"도 아닙니다. "제가 도와드려도 될까요?"입니다. 말 한 마디, 단어 하나 선택에서 겸손과 배려가 묻어납니다.

우리 사회의 갈등이 비등점을 향해 치닫고 있습니다. 손만 대면 터질 것 같은 상황입니다. 이런 사회 속 일터에서 크리스천은 어떻게 일해야 할까요? 낙하산을 타고 내려온 상사를 어떻게 대해야 합니까? 직장 상사의 무리한 부탁을 받았을 때는 어떻게 해야 합니까? 내 힘으로 감당하기 어려운 일은 어떻게 처리해야 합니까? 생각할수록 억울하고 분하고 속에서 화가 끓어오를 때, 이때는 무엇을 기억해야 합니까?

진리를 모르는 사람은 불쌍합니다. 그들의 불쌍한 실상을 보지 못하고 분노해 봤자 나만 다칩니다. 시기하면 내가 가장 먼저 상합니다. 폭발하면 내가 먼저 죽습니다. 갈등을 부추기지 마십시오. 수시로 갈등을 빚는 사람이 되지 마십시오. 일터에서 말썽꾼이라는 소리를 듣지 마십시오.

오히려 갈등을 잠잠케 하는 사람이 되십시오. 중재자가 되십시오. 피스메이커라는 소리를 들으십시오. 예수님은 이 세상의 갈등을 해소하기 위해 친히 교회가 되셨습니다. 당신이 교회입니다. 우리가 교회입니다. 오직 교회만이 폭발 임계점에 이른 세상의 분노 수위를 낮출 수 있고 화평을 가져다 줄 수 있습니다. 당신 안에 계신 예수님을 드러내십시오. 당신이 교회임을 알게 하십시오. 그때 당신의 일터가 곧 교회가 되고, 그곳에 하나님 나라가 무지개처럼 임할 것입니다.

1   다른 사람들과 갈등을 빚는 나의 약한 부분은 무엇입니까?

2   손해 보고 싶지 않아서 고집을 부리는 바람에 관계와 일을 그르친 경험이 있다면 나누어 봅시다.

3   생각할수록 억울하고 분하고 속에서 화가 끓어오를 때 어떻게 합니까? 또한 무엇으로 갈등을 잠잠케 할 수 있다고 생각합니까?

10

갈등을 어떻게 해소하나?

일을 하면 반드시 부딪치는 지점이 있습니다. 일이 아니더라도 사람과의 관계에서 갈등은 원치 않는 부산물입니다. "자칫하면 사람을 죽일 뻔했어요." 지금까지 살면서 두 사람에게서 이런 고백을 들어 봤습니다. 물론 실제로 그들이 사람을 죽이지는 않았습니다. 그러나 그만큼 억울했고 분노했던 것입니다. 우리 현실 가운데 이런저런 일로 사람이 사람을 해치는 일이 얼마나 많습니까?

2015년 여름에 경북 상주 작은 마을에서 세상을 깜짝 놀라게 한 일이 벌어졌습니다. 83세 할머니가 사이다에 농약을 타서 냉장고에 넣어 두었는데, 그것을 마신 동네 할머니들 중에 두 명이 죽고 세 명이 중태에 빠진 사건이었습니다. 알고 보니 화투 놀이를 하다가 싸운 끝에 원한을 품고 저지른 일이었습니다. 한 마을에서 60년 이상 알고 지낸 사이에 벌어진 일입니다. 어떻게 이런 일이 있을 수 있습니까? 이런 일이 쉴새 없이 일어나는 곳이 우리가 사는 세상입니다.

일하다 생긴
갈등을 푸는 법

사람과 사람 사이에는 언제나 긴장이 있습니다. 왜 그럴까요? 경계가 있기 때문입니다. 나는 나고, 너는 너이기 때문입니다. 나와 네가 다르기에 경계가 있고, 경계가 있기에 긴장이 있습니다. 긴장이 있는 곳에는 갈등도 있기 마련입니다. 어떻게 하면 사람 간에 늘 있는 긴장과 갈등을 줄이고 해소할 수 있을까요?

예수님이 일하다가 생긴 갈등을 푸는 방법을 가르쳐 주십니다.

⁴⁰ 마르다는 준비하는 일이 많아 마음이 분주한지라 예수께 나아가 이르되 주여 내 동생이 나 혼자 일하게 두는 것을 생각하지 아니하시나이까 그를 명하사 나를 도와 주라 하소서 ⁴¹ 주께서 대답하여 이르시되 마르다야 마르다야 네가 많은 일로 염려하고 근심하나 ⁴² 몇 가지만 하든지 혹은 한 가지만 이라도 족하니라 마리아는 이 좋은 편을 택하였으니 빼앗기지 아니하리라 하시니라 눅 10:40~42

예수님이 평소 가까이 지내던 집을 방문하셨습니다. 물론 혼자 가시지 않았습니다. 갑자기 들이닥친 일행 때문에 집이 소란해졌습니다. 큰 손님 일행을 맞았으니 해야 할 일이 산더미처럼 불어났습니다. 언니 마르다가 음식을 장만하느라 정신이 없습니다. 그런데 동생 마리아가 보이지 않습니다. '얘가 어디로 갔나?' 두리번거리며 찾았는데, 동생이 예수님의 발치에 앉아 한가롭게 말씀을 듣고 있습니다.

그 순간, 마르다는 부아가 치밉니다. 예수님께 다가가 직선적으로 말합니다.

"예수님, 제 동생이 어떻게 이럴 수 있습니까? 저 혼자 쩔쩔 매며 일하고 있는데 말이에요. 마리아에게 당장 일어나 절 도우라고 말씀해 주세요."

이런 상황에서는 대개 마르다처럼 말하지 않습니다. 일손이 필요하면 동생을 직접 불러서 시킬 것입니다. 그런데 마르다는 일부러 예수님께 말했습니다. 예수님께 두 가지를 각인시켜 드리고 싶었기 때문입니다. 한 가지는, 지금 자신이 예수님을 위해서 정신없이 일하고 있다는 사실입니다. 또 한 가지는 동생 마리아가 자신과 달리 얼마나 이기적인 아이인가 하는 것입니다.

사람들 간에 일어나는 갈등의 전형적인 모습입니다. 자신을 드러내고 싶은 욕구와 다른 사람을 깎아내리고자 하는 욕구가 뒤섞여 있습니다. 보통 이 두 가지 욕구는 쌍둥이처럼 붙어 다닙니다. 그래서 자기 자랑이 많은 사람은 은연중에 남도 많이 비난합니다. 또한 남을 비판하는 사람일수록 자기 자랑을 늘어놓고 싶어 합니다. 직장에서도 이런 일들이 쉴 새 없이 일어납니다. 상사를 찾아가 동료를 고자질하는 사람이 지천에 가득합니다.

예수님이 말씀하십니다.

"마르다야, 일은 네가 감당할 수 있는 만큼만 하여라. 몇 가지만 하든지 아니면 한 가지만 해도 된다. 마리아는 지금 가장 좋은 것 한 가지를 하고 있지 않니?"

눈앞에 일이 빤히 보이는데 일을 하든지 말든지 하라니요? 예수님이 좀 무책임하신 것 아닙니까? 스스로 일을 선택할 수 없는 상황에 놓인 사람이 얼마나 많습니까? 예수님도 몰려드는 사람들 때문에 식사할 겨를도 없이 일하시지 않았습니까?

맞습니다. 예수님도 바쁘게 일하셨습니다. 하지만 그 일을 감당하느라 중심의 평안을 놓치신 적은 없습니다. 예수님은 쉬지 않고 기도하여 하나님과의 관계가 끊어지지 않게 하셨습니다. 또 내면의 질서를 지키셨습니다. 평안의 구심력으로 분주함의 원심력을 감당하신 것입니다.

짜증이 난다는 것은 배터리가 얼마 남지 않았다는 사인으로 경고등의 점멸현상입니다. 바로 충전하지 않으면 사고가 터집니다. 그래서 예수님은 내면의 질서를 늘 돌아보라고 하십니다. 내면의 질서가 바로잡히면 갈등 지수가 훨씬 낮아집니다. 영성 지수는 곧 갈등 지수입니다. 갈등이 생기거나 갈등이 잦다는 것은 영성 지수가 급격히 떨어지고 있다는 사인입니다.

바른 영성이란 쉬운 말로 좋은 관계를 뜻합니다. 마르다가 마리아에게 화가 난 건 관계 지수가 떨어졌기 때문입니다. 먼저 이 문제가 해결되지 않으면 동생 마리아와는 언젠가 어떤 일로 건 충돌하게 되어 있습니다. 갈등 지수가 높으면 누구와도 부딪힐 수밖에 없습니다.

갈등은 흔들린
중심 때문에 일어난다

예수님이 찾아오시면 예수님 가까이에 있는 것이 제일 중요한 일입니다. 예수님이 오신 것은 주인이 오셨다는 뜻입니다. 주인이 말씀을 시작하면 그 말씀을 듣는 것이 모든 일 중에 제일 중요합니다.

옛날에 보스턴에서 교회를 섬겼을 때의 일입니다. 설교가 시작되면 꼭 밖으로 나가는 분이 있었습니다. 나가서 전기밥솥을 꽂고 예배 후에 성도들이 식사할 밥을 짓습니다. 그리고 예배가 끝나면 잠깐 찬양하다 다시 나가서 식탁을 차리기 시작합니다. 중요한 일입니다. 누군가 꼭 해야 할 일입니다. 정말 희생적인 태도입니다.

문제는 이분의 불만이 계속해서 차오른다는 것입니다. 왜 자기만 밥을 해야 하느냐는 것입니다. 아무도 그분에게 밥을 하라고 하지 않았습니다. 여러 사람이 나누어서 할 수 있는 일입니다. 예배드리러 왔으면 무엇보다 예배에 집중해야 합니다. 그런데 설교가 시작되면 어김없이 나간다는 것은 분명 앞뒤가 바뀐 일입니다. 그 결과 말씀을 듣는 본질을 놓침으로써 내 안의 갈등지수가 높아진 것입니다.

흔히 다른 사람 때문에 갈등이 생겼다고 생각하기 쉽지만,

갈등 지수는 내면의 우선순위가 뒤바뀜으로써 높아집니다.

주님은 마르다에게 왜 화가 났는지 아느냐고 물으신 것입니다. 마르다의 문제는 무엇입니까? 중심이 흔들린 것이 문제입니다. 그 때문에 동생을 탓하고 있습니다. 예수님이 바로 그 문제를 건드리셨습니다. 대부분의 갈등은 내 마음의 중심, 내 생각의 축이 흔들려서 벌어진 일입니다. 상대방 때문이 아닙니다.

갈등은 사실 깊이 들여다보면 일 때문에 벌어지는 것이 아닙니다. 내면의 태도가 겉으로 나타난 것입니다. 일은 빌미일 뿐입니다. 그래서 일할 때 동료를 비난하는 것은 섣부른 결론입니다. 일이 주는 갈등을 그렇게 단순화해서 이야기할 수 없습니다. 예수님이 그것을 지적해 주셨습니다. 마르다의 분주함은 마리아 때문이 아니라 자기 내면의 동요에서 비롯되었다는 것을 말씀해 주신 것입니다. 달리 말하면, 내공의 문제라고 알려 주신 것입니다.

내공을 어떻게 기릅니까? 많은 조언이 있습니다. 정말 좋은 내공은 바른 신앙의 산물입니다. 그런데 바른 신앙이 무엇입니까? 바른 신앙에 관한 오해가 많습니다. 교회를 열심히 다니는 것을 바른 신앙으로 여깁니다. 교회에서 열심히 봉사하는 것을 신앙이 좋다고 말합니다. 그럴 수도 있습니다. 그러나 열심히 하는 것이 필요충분조건은 아닙니다. 오히려 그 열심이 문제일 수 있습니다. 왜 그럴까요? 바른 신앙이란 내면의 문제이자 관계의 문제이기 때문입니다.

바른 신앙인은
갈등을 낮춘다

신앙은 반드시 행동으로 드러납니다. 특히 관계에서 드러나
게 마련입니다. 신앙은 곧 관계이고 인격이고 성품입니다. 좋은
관계에서 좋은 행동이 드러나야 하는데, 좋지 않은 관계임에도
불구하고 좋은 행동으로 치장하려다가 문제가 생기는 것입니다.

우리가 잘 아는 얘기가 있지 않습니까? 어느 부부가 핏대를
세우며 말싸움하다가 전화가 울리자 숨을 가다듬고 교양 있는
목소리로 응대합니다.

"네, 네, 집사님. 제가 기도할게요. 요즘 집사님 덕분에 얼마
나 은혜를 받는지 몰라요."

전화를 끊고 나서는 다시 서로 고함을 지릅니다. 이를 지켜
본 아이들이 부모를 어떻게 생각하겠습니까? 가증하다는 생각
을 하지 않겠습니까?

하나님과 올바른 관계에 있는 사람은 다른 사람들과 관계
맺는 데 서툴지 않습니다. 이것을 경험한 사도 바울이 우리에게
조언합니다. 회심 전에 바울은 불같은 사람이었습니다. 회심 후
에도 그 성격이 남아서 함께 선교 여행을 떠났던 마가와 헤어지

고, 바나바와도 갈라서지 않았습니까? 바나바는 관계 지수가 높은 사람이었고, 바울은 일중독자의 특성을 지녔습니다.

그러던 바울이 예수님을 만나고 진정한 영성이 무엇인지 깨달았습니다.

> 14 너희를 박해하는 자를 축복하라 축복하고 저주하지 말라 15 즐거워하는 자들과 함께 즐거워하고 우는 자들과 함께 울라 16 서로 마음을 같이하며 높은 데 마음을 두지 말고 도리어 낮은 데 처하며 스스로 지혜 있는 체하지 말라 17 아무에게도 악을 악으로 갚지 말고 모든 사람 앞에서 선한 일을 도모하라 18 할 수 있거든 너희로서는 모든 사람과 더불어 화목하라 롬 12:14~18

이 말씀을 통해 회심 전의 바울이 어떤 사람이었는지 미루어 짐작할 수 있습니다. 그는 박해하는 자를 저주했습니다. 그는 즐거워하는 자들과 우는 자들을 비웃었습니다. 그는 높은 데 마음을 두었고, 스스로 지혜 있는 체했습니다. 그랬던 그가 달라졌습니다.

사울은 바울이 되면서 일에 대한 갈등을 처리하는 능력이 탁월한 사람으로 변했습니다. 또 그렇게 되는 것이 바른 신앙이요 진정한 믿음임을 깨달았습니다. 그래서 할 수 있거든 모든 사람과 더불어 화목하라고 권면합니다.

예수님을 믿으면 우선 다른 사람들과 관계 맺는 방식이 달라집니다. 이전에는 걸핏하면 갈등을 빚던 사람이 이제는 갈등을 조정하는 사람이 됩니다. 가능한 모든 사람과 화평을 이루고자 하는 놀라운 변화가 일어납니다. 열매 맺는 삶이란 일의 성과나 업적을 말하는 게 아닙니다. 크리스천에게 삶의 열매란 관계의 변화입니다.

크리스천이 갈등을 빚는다는 건 사실 그 정체성에 걸맞지 않습니다. 예수님을 믿지 않아도 갈등을 원만하게 처리하는 사람들이 많습니다. 대개 대가족에서 자란 사람이 그렇습니다. 가족이 많을수록 갈등 처리 능력이 커집니다. 갈등이 일어나는 경우의 수를 이미 가정에서 어린 시절부터 경험하기 때문입니다. 핵가족 시대의 특징은 자기중심주의적 성향입니다. 어려서부터 자신을 가정의 중심으로 여기며 자란 탓입니다. 때문에 작은 갈등조차 해소하지 못해 일어나는 불미스런 일들이 참으로 많습니다.

그러나 무한하신 하나님을 만나면 갈등 처리 능력은 차원이 달라집니다. 어느 정도일까요? 자기를 박해하는 사람을 축복하게 됩니다. 일하다가 부딪쳐도 부드럽게 넘길 수 있는 놀라운 능력이 생깁니다. 하나님을 알게 되면서 생긴 여유입니다. 십자가에 못 박는 자들의 죄를 용서해 달라고 기도하신 예수님 때문에 하게 된 기도의 능력입니다. 이런 크리스천이 있다면 직장이 안 변하겠습니까, 사회가 안 변하겠습니까?

세상의 문제는 세상 사람들 때문이 아닙니다. 크리스천들이 갈등을 처리하는 능력을 잃어버렸기 때문입니다. 교회 안에서조차 싸우는 일들을 겪고 있기 때문입니다. 일하다가 부딪치는 것은 세상의 법칙입니다. 그러나 세상의 법칙이 교회에 적용되어서는 안될 일입니다. 어떻게 해야 합니까? 남의 험담이 들려도 흘려버려야 합니다. '그 사람을 잘 몰라서 저렇게 얘기하겠지', 나에 관한 험담이 들려도 흘려버려야 합니다. '나를 잘 알았다면 그보다 더 많이 욕했겠지' 하고 넘어가야 합니다.

모든 갈등을 회피하라는 뜻이 아닙니다. 모든 갈등이 죄의 열매라는 말이 아닙니다. 갈등 지수를 낮추는 피스메이커가 되라는 것입니다. 이것이 바른 신앙이요 바른 관계요 바른 영성입니다.

좋은 신앙인이 있어야 세상에 희망이 있습니다. 세상 사람들은 술 마시고 형님아우 하며 갈등지수를 낮추지만, 우리는 하나님과 화해하고 자기 자신과 화해함으로써 갈등 지수를 낮춥니다. 먼저 자신을 있는 모습 그대로 용납함으로써 긴장을 낮추어야 합니다. 한 번씩 자신을 쓰다듬어 주고 격려해 주십시오. 스스로 위로할 줄 아는 사람이어야 남도 위로할 수 있습니다. 하나님 안에서 자기를 용서하고 자신과 화해함으로써 어느 누구와도 화해할 수 있는 사람이 되길 축복합니다.

1 어처구니없는 일로 싸운 적이 있습니까? 왜 싸우게 되었는지 말해 봅시다.

2 건드리면 폭발할 것 같은 사회입니다. 일하다가 생긴 긴장과 갈등을 푸는 나만의 방법은 무엇입니까?

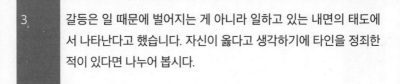

3. 갈등은 일 때문에 벌어지는 게 아니라 일하고 있는 내면의 태도에서 나타난다고 했습니다. 자신이 옳다고 생각하기에 타인을 정죄한 적이 있다면 나누어 봅시다.

4. 갈등을 빚는 사람이 아니라 갈등을 조정하는 피스메이커가 되기 위해 스스로 달라져야 할 부분은 무엇입니까?

5. 말씀에 순종하여 직장 내 갈등을 해결한 경험이 있다면 나누어 보십시오.

11

사랑보다 중요한 일은 없다

일을 가치 있게 만드는 것이 과연 무엇입니까? 누구나 열심히 일합니다. 특히 50대 이상은 소득 1만 불을 목표로 죽을 만큼 힘들게 일했던 세대입니다. 지금은 더 상향 조정된 목표에 따라 사회 전체가 움직이고 있습니다. 그러나 그 목표가 달성되면 우리 사회는 얼마나 달라집니까? 수치화된 경제 목표를 달성하면 사회 문제가 다 해결됩니까? 그렇지 않다는 걸 이제는 누구나 다 압니다.

산업화와 민주화 두 가지 목표를 동시에 성취해서 반세기 만에 한강의 기적을 이루었다는 자긍심이 대단했던 때가 있었습니다. 그러나 지금 이 시점에서 보면 사회 곳곳은 폐해가 산적해 있고, 우리 내면은 어둠과 공허로 다시 가시덤불이 되었습니다. 정신없이 살다 뒤돌아보니 과연 경제성장만이 추구해야 할 가치였는가에 대한 의문을 품게 되는 것입니다.

'이렇게 사는 것이 과연 옳은가.'

우리는 도대체 어떤 목표와 목적을 가지고 사는 존재인가를 생각하기에 이르렀습니다.

인생이란 한마디로 '고해'(苦海)라고 말하곤 합니다. '고통의 바다'라는 뜻입니다. 사는 것이 왜 그렇게 고통스럽습니까? 이런저런 수많은 일이 끝도 없이 우리에게 고통을 안겨 주기 때문입니다.

나는 78년도에 방송국에 입사해서 열심히 일했습니다. 그때만 해도 회사에 들어가는 것이 지금보다 상대적으로 쉬웠습니다.

요즘은 정규직을 얻는 것이 얼마나 어려운지 모릅니다. 대학을 졸업하면 일터를 찾아 이력서를 수도 없이 내고 어디선가 불러 주기를 하염없이 기다려야 합니다. 그동안의 불안한 알바를 끝내고 정규직으로 일터에 출근하는 얼마 동안은 발걸음이 한결 가볍겠지요. 그러나 얼마나 가겠습니까? 〈미생〉이라는 드라마의 주인공처럼 직장 밑바닥에서부터 시작하는 게 얼마나 힘듭니까? 비인격적인 대접, 모욕적인 언사, 끊임없이 윽박지르는 직장 분위기, 잠시 쉬는 것도 눈치 봐야 하는 현실…. 일에 치이고 일에 마멸되어 가는 것 같은 직장생활을 하면서 언제까지 이 일을 해야 하나 갈등하지 않는 사람이 얼마나 되겠습니까?

그러나 그런 일터에서 몇몇 미생들이 새로운 미래를 창출합니다. 일을 통해 날마다 자아를 성취하고, 일을 통해 새롭게 도전합니다. 그들은 일터에서 정점을 향해 힘차게 올라갑니다. 간부가 되고 임원이 되고 CEO가 되고 회장이 됩니다. 회사를 여럿 창업하여 기업군을 이끌며 많은 종업원을 부립니다. 그는 분명 일터에서 부러움을 사는 인물이 되었습니다. 그는 직장 신화의 주인공이 됩니다.

그러나 그렇게 좁은 문을 거쳐 성공의 정상에 오른 극소수의 사람들 가운데 상당수는 당대에 자신이 세운 회사가 무너지는 것을 목격합니다. 아들, 손자 대까지 유지되는 기업도 있지만 드물 뿐만 아니라 이미 개인 회사가 아닌 수많은 주주의 회사가 되어 있습니다. 내 것 같지만 사실은 내 것이 아닙니다. 내 소유를 강하게 주장할수록 사회적인 반감을 직면하게 됩니다.

무엇을 위한 일인지
생각해 보라

인생에서 남길 게 무엇입니까? 일생을 던져서 일구어 낸 기업이 허공에 사라진다면, 그 마음이 어떻겠습니까? 지인 중에 상상할 수 없는 고난을 겪은 기업 회장들이 있습니다. 재산도 이름도 명예도 다 잃고 감옥까지 다녀왔습니다. 어쩌면 그 모든 수모를 겪고도 살아있는 것이 기적입니다. 그분들만 그렇겠습니까?

일터에서 20년, 30년 아니 평생을 보내는 사람이 많습니다. 마치 그 일이 자기 전부인 것처럼 삽니다. 승진 시기가 되면, 얼마나 마음을 졸이며 울고 웃습니까?

나도 예외는 아니었습니다. 부서가 바뀔 때마다 마음을 졸였습니다. 왜 저 사람은 저리 가고, 이 사람은 이리 왔는지 동료들끼리 뒷얘기가 그치지 않습니다. 밤늦도록 통음하며 분노를 달래보지만 가장으로서의 무거운 책임 때문에 섣부른 결정을 내리지 못합니다. 그 다음날 또다시 퇴근 후 모여 앉지만 처음부터 끝까지 직장 얘기입니다. 말이 직장 얘기지 대부분 윗사람이나 동료들의 험담입니다. 술에 취해 몽롱한 상태로 집에 돌아가면, 때로 옷을 입은 채 소파에 쓰러져 잠들기도 합니다. 아마 요즘은 그런 직장인들을 찾기가 쉽지 않겠지요.

왜 일하는지 생각할 겨를도 없습니다. 입사 후 처음 몇 달간 생각하고 다짐했던 것들은 기억의 어두운 창고 속에 먼지를 뒤집어 쓴 채 잊혀집니다. 그대로 매일 아침이면 습관적으로 출근하고, 주말이면 잠시 숨을 돌렸다가 또다시 한 주를 맞습니다. 그렇게 지내면서 5년, 10년, 20년을 보냅니다. 순식간입니다. 어느 날, 문득 어쩌다 이 직장에 발을 들여놓았는지, 왜 떠나지 않고 10년, 20년을 다니고 있는지 심각하게 돌아보아야만 할 시점을 맞습니다. 자의가 되었건 타의가 되었건 반드시 그런 시점에 이릅니다.

일이 무엇입니까? 일터는 누구를 위한 것입니까? 왜 일합니까? 왜 꼭 그 일을 해야만 합니까? 이런 질문을 계속해서 자신에게 던져야 합니다. 왜냐하면, 처음부터 제대로 묻지 않고 일을 시작하면, 마치 손등에 떨어진 눈송이처럼 인생이 한순간에 사라져 버리기 때문입니다.

죄가 들어온 이후 일은 인간에게 형벌처럼 내려졌습니다. 땀을 흘려야만 먹고살 수 있는 존재가 되었습니다. 인생의 주인이 자신이라고 착각하는 인간의 어깨에 지워진 짐이 바로 일입니다. 하나님 없이도 살 수 있다고 굳게 믿는 인간에게 일은 산꼭대기로 돌을 밀었다가 떨어지면 다시 밀어야 하는 시시포스에게 주어진 형벌과도 같습니다.

우리가 얼마나 열심히 일합니까? 죽도록 일해도 얼마 되지

않는 월급 때문에 마음이 얼마나 힘듭니까? 연봉이 삭감되기라
도 하면 마음이 무너져 내립니다. 인생이 시궁창에 내동댕이쳐
진 느낌입니다. 또 언제 이 자리마저 잃게 될지 몰라 불안하기만
합니다. 조금도 존경할 수 없는 사람들 틈새에서 일하며 기쁨도
맛보지 못하는 이런 삶을 왜 사는지 물어야 합니다. 일의 목적,
일의 기준, 일터의 환경을 점검해 보자는 것입니다.

성경은 낙심하지 않고 살 수 있는 길이 있다고 말합니다. 일
보다 큰 무엇이 있다고 가르칩니다. 우리가 일생 동안 무엇을 위
해 일하는지, 도대체 무엇을 위한 것인지 가르쳐 줍니다.

> [1] 내가 사람의 방언과 천사의 말을 할지라도 사랑이 없으면
> 소리 나는 구리와 울리는 꽹과리가 되고 [2] 내가 예언하는 능
> 력이 있어 모든 비밀과 모든 지식을 알고 또 산을 옮길 만한
> 모든 믿음이 있을지라도 사랑이 없으면 내가 아무 것도 아니
> 요 [3] 내가 내게 있는 모든 것으로 구제하고 또 내 몸을 불사르
> 게 내줄지라도 사랑이 없으면 내게 아무 유익이 없느니라 고전
> 13:1~3

사도 바울의 통찰이자 고백입니다. 죽도록 일하고 모든 걸
쏟아붓더라도 일하는 목적이 사랑이 아니라면, 사랑이 없다면

아무 유익이 없다는 것입니다. 화려한 이력서를 만든다 하더라도 사랑이 없으면 아무것도 아니라는 것입니다. 메마른 사회를 돌아보자니 이 말씀의 깊이를 더욱 새기게 됩니다. 무슨 일이라도 사랑이 없으면 아무 유익이 없습니다.

바울도 사랑 없이 스펙을 쌓았던 사람입니다. 결과적으로 그가 한 일이라곤 스데반을 돌로 쳐 죽이는 데 동참한 것이었습니다. 다메섹 가는 길에서 비로소 이 모든 것이 아무것도 아님을 깨달았습니다. 죽을 만큼 남을 도와도 그 동기가 사랑이 아니라면 아무 유익이 없다는 걸 깨달은 것입니다.

대개 우리는 이 말씀을 너무 늦게 깨닫습니다. 사랑 없이 쌓아온 경력이 결국 아무것도 아니라는 사실을 정년퇴직할 때쯤에야 깨닫습니다. 좀 더 일찍 깨달았더라면 어땠을까요? 일터에서 사랑하고 사랑받는 것에 일찌감치 눈을 떴더라면 다른 인생을 살지 않았겠습니까?

예수님의 생애를 보십시오. 신약성경은 예수님이 서른 살 때까지 목수로 일하셨다는 기록을 단 한 줄만 남겼습니다. 마태복음과 마가복음은 예수님을 "목수의 아들"로 간단히 기록했습니다(마 13:55, 막 6:3). 고향 사람들은 예수님을 마리아의 아들 목수로 알았습니다.

예수님은 분명 목수 일을 잘하셨을 것입니다. 그러나 단 한 번도 목수 일이 자신에게 얼마나 중요한지 말씀하신 적이 없습니다. 그러나 제자들을 부르실 때 하셨던 말씀에서 유추해 보자면, 예수님에게 목수 일은 사람을 깎고 다듬고 고치는 일의 변형이었을 것입니다. 어부들에게 사람을 낚는 어부가 되게 하리라고 말씀하신 것처럼 자기 일도 그렇게 적용하시지 않았겠습니까? 예수님은 목수 시절 대패나 망치나 끌로 목재의 옹이를 가차 없이 깎아 내고 반듯하게 만들었던 바로 그 경험을 살려 부르신 제자들을 깎고 다듬어 하나님의 사람으로 세우셨다고 믿습니다. 나 또한 25년간 언론인으로 살아온 삶이 복음을 전하기 위한 준비 기간이었음을 깨달았습니다.

하나님께 붙들려서 동기가 새로워지고 삶의 목적과 의미가 새로워지면, 하나님이 우리의 모든 걸 들어 쓰셔서 하나님의 일을 감당하게 하실 것입니다. 내 모든 삶의 배경과 능력과 커리어를 들어 쓰시는 겁니다. 나의 유익을 위해 살던 삶에서 돌이켜서 공동체와 이웃을 위해, 그리고 헐벗고 굶주린 사람을 위해 살 수 있도록 하나님이 만지십니다. 그래서 우리에게 "왜 그 일을 하느냐"고 끊임없이 물으시는 것입니다.

그러나 하나님은 세상에서 닦은 기량을 바로 쓰시지는 않습니다. 그것을 왜 써야 하며 무슨 목적으로 사용해야 하는지 깊이 묵상하며 깨닫는 시간을 주십니다. 하나님은 모든 것을 사용하실 수 있지만, 사용 목적은 단 한 가지입니다. 바로 하나님의 양을 돌보기 위한 것입니다. 하나님은 "네가 나를 사랑하느냐?" 하고 물으시고, "네가 나를 사랑한다면, 내 양을 치라"고 부탁하신 뒤에 당신의 양들을 맡기십니다.

사랑 없는 모든 일이
헛되다

사도 바울은 죽도록 일했지만, 사랑 없이 일했다는 것을 깨달았습니다. 온갖 노력을 다하며 일했지만 결국은 사람을 죽이는 일뿐이었음을 알았습니다. 사랑 없이 하는 일은 아무 소용없다는 것을 깨달으면서 비로소 일의 진정한 목적을 알게 된 것입니다. 무슨 일을 하건 목적은 사랑이어야 합니다. 사람은 일을 통해 성장하지만, 사랑 없이는 성숙할 수 없습니다. 사랑 없이 일하는 사람은 아이의 수준을 벗어날 수 없다는 것을 바울은 알았습니다.

내가 어렸을 때에는 말하는 것이 어린 아이와 같고 깨닫는 것이 어린 아이와 같고 생각하는 것이 어린 아이와 같다가 장성한 사람이 되어서는 어린 아이의 일을 버렸노라 고전 13:11

사랑 없이 하는 그 일은 결국 나를 위한 일이고 남을 힘들게 하는 일이 될 것입니다. 왜 일합니까? 주님은 그 일의 목적을 분명히 밝히십니다. 사랑하기에 일하고 사랑하기 위해서 일하고 사랑 때문에 일을 마치라고 하십니다.

기억하십시오. 사랑을 받아야 어른이 됩니다. 잊지 마십시오. 사랑할 줄 알아야 비로소 어른이 됩니다. 세상은 끝없이 남의 약점을 들춰내고 사과를 요구합니다. 그러나 사랑할 때는 상대의 약점을 물고 늘어지지 않습니다. 사랑하면 남을 짓밟고 올라가려 하지 않습니다. 내게 실수해도 사과를 요구하지 않습니다. 왜 그렇습니까? 영화 〈러브스토리〉의 대사처럼 "사랑은 결코 미안하다고 말하지 않는 것"이기 때문입니다. 사랑하면 말하지 않아도 그 마음을 알 수 있기에 그렇습니다. 사랑하는 이의 표정과 태도가 모든 것을 말하기 때문입니다.

일을 잘한다고 어른이 되는 것은 아닙니다. 한 분야의 전문가라도 아이처럼 유치하고 아이보다 더 이기적일 수 있습니다. 어른이란 어디서건 사랑할 줄 아는 사람을 말합니다.

우리는 국민소득 2만 불 시대에 들어서면 모두가 잘살게 될 줄 알았습니다. 소득 3만 불이 되면 대부분의 사회 문제가 해결되리라 생각했습니다. 나아가 4만 불, 5만 불을 쫓기듯이 목표로 달려왔습니다. 그러나 우리는 병목에 걸렸습니다. 왜 더 이상

갈 수 없는지 아직도 깨닫지 못하고 있습니다. 소득과 행복이 비례하지 않음을 알게 되었지만, 행복과 소득이 어떻게 함께 갈 수 있는지는 모르고 있습니다.

아무리 죽도록 일해서 돈을 벌어도 가정이 깨지면 모든 것이 허사라는 것을 알지 않았습니까? 밤새워 공부해서 명문 대학에 들어가도 행복이 보장되는 것은 아님을 깨닫지 않았습니까? 이제 우리 자녀들을 어떻게 양육해야 합니까? 그 자녀들이 직업을 어떤 기준에서 선택해야 합니까? 그들이 택한 일터에서는 어떻게 일해야 합니까?

"사랑은 결코 미안하다고 말하지 않는 것"이라는 명대사를 남긴 〈러브스토리〉는 당시에 너무 빤한 사랑 이야기여서 할리우드에서 거절되었던 시나리오였습니다. 결국, 작가 에릭 시걸 (Erich Segal)이 책으로 먼저 낸 뒤에 영화화되었습니다. 그 빤한 이야기가 1970년대 젊은이들의 텅 빈 마음을 울렸습니다. 당시 젊은이들의 영적인 방황이 깊어지면서 곳곳에 히피가 등장했고, 이들이 반전과 평화와 자유를 외치는 동안 초강대국 미국은 월남전의 수렁에 빠져 허우적거렸습니다. 그런 시대적 배경 위에서 진부하지만 순수한 사랑 이야기가 사람들의 심금을 울린 것입니다. 영화의 폭발적 인기를 반영하듯 1970년에서 1985년 사이에 태어난 여성들의 이름 중에 제니퍼가 가장 많다고 합니다.

바로 〈러브스토리〉의 여주인공 이름입니다.

사랑과 고향은 인생의 영원한 주제입니다. 사람들은 일에 중독될수록 사랑을 갈망합니다. 이름이 알려질수록 고향을 그리워합니다. 성경은 사랑의 원천이 하나님이시며 우리의 영원한 고향은 하늘 아버지의 집임을 알려 줍니다. 그리고 일의 목적은 사랑이어야 함을 일깨워 줍니다. 이 땅에서 일을 마치면, 우리에게는 돌아가 쉴 수 있는 영원한 고향이 있습니다. 진정한 사랑과 고향을 발견하기까지는 진짜 기쁨을 맛보지 못합니다.

세상에 문제없는 곳은 없습니다. 그러나 문제를 바라보는 관점, 풀어 가는 방식은 다릅니다. 교회가 세상의 희망이라면 한 가지 이유 때문입니다. 문제를 인식하는 관점과 문제 해결 방식이 사람의 가치에 기초하기 때문입니다. 교회가 세상의 관점과 방법으로 문제에 접근한다면 교회는 더 이상 존립할 이유가 없습니다. 성도가 하나님을 모르는 사람들과 다를 바 없이 이웃과 관계를 맺고 이웃과의 갈등을 풀겠다고 하면 성도가 세상에 있어야 할 이유가 없습니다.

교회가 교회되고, 성도가 성도되어야만 세상과 구별됩니다. 구별되는 것은 오직 그리스도의 사랑입니다. 그 사랑은 세상의 그 어떤 동기보다 강렬합니다. 그 사랑은 세상의 그 어떤 방법보다 뛰어납니다. 왜요? 사람을 세우기 때문입니다. 사람을 살리기 때문입니다. 사람의 가치를 극대화하기 때문입니다. 그래서 모두가 하나되게 하기 때문입니다.

왜 일합니까? 하는 일 중에서 어떤 일이 가장 중요합니까? 이제 곧 영원한 집으로 귀향해야 한다면, 무슨 일을 하다가 귀가 하시겠습니까? 내 일생의 버킷리스트에 적어 놓은 것들을 차례로 해보다가 가시겠습니까? 과연 그것이 꼭 해야 할 만큼 중요한 일입니까? 거기에 적힌 것이 온통 내가 나를 만족시키는 일에 지나지 않는다면, 다시 한 번 생각해 봐야 하지 않겠습니까? 인생에서 가장 중요한 일을 하다가 떠나야 하지 않겠습니까?

하나님 아버지가 중요하다고 하신 일을 먼저 하십시오. 성경은 하나님의 버킷리스트입니다. 하나님은 단 한 가지 일에 집중하라고 하십니다. 하나님을 아는 일, 하나님을 사랑하는 일, 그리고 곁에 있는 이웃을 사랑하는 일입니다. 그 일은 서로 다른 일이 아닙니다. 한 가지 일입니다. 성경은 인생에서 가장 중요하고 가치 있는 일은 바로 사랑하는 일임을 가르칩니다. 믿음, 소망, 사랑은 항상 있을 것인데 그중 제일은 사랑입니다. 사랑하며 사십시오. 사랑하는 일보다 중요한 일도, 먼저 해야 할 일도 없습니다.

1 죽도록 일한 후에 허무함을 느낀 적이 있습니까? 그때 느꼈던 감정
에 관해 이야기를 나눠 보십시오.

2 사랑이 목적이 되지 않으면 모든 일이 독이 됩니다. 일을 추진하느
라 동료나 교회 지체들에게 상처를 준 경험이 있습니까?

3   사랑 없이 쌓아온 경력은 아무것도 아닙니다. 일터를 사랑이 넘치는 훈훈한 곳으로 만들기 위한 작은 실천 방법은 무엇입니까?

4   어떠한 일에 쓰임 받고 싶습니까? 쓰임 받는 인생이 되기 위해 내가 갖춰야 할 것은 무엇입니까?

12

아버지가 일하시니 나도 일한다

어느 날, 한 목사님이 독감에 걸려 생기 없는 모습으로 앉아 있는 것을 보았습니다. 그러자 1978년 방송국에 갓 입사하여 수습기자로 뛰어다니던 때의 내 모습이 떠올랐습니다. 그때는 그야말로 사는 것 같지 않게 살았습니다. 새벽 네 시 전에 출근하여 새벽 한두 시에 집에 돌아와 잠깐 눈 붙이고 또다시 출근하는 생활을 했습니다. 잠이 부족해서 눈에는 늘 핏발이 서 있었습니다. 다들 입이 거칠어서 걸핏하면 욕을 해 댔습니다.

하루는 독감에 걸려 도저히 출근할 수 없는 상태가 되었습니다. 열이 40도 가까이 올라서 몸을 추스를 수가 없었습니다. 새벽 5시쯤 하늘같은 선배로부터 전화가 걸려 왔습니다. 수화기 너머로 귀에 익은 욕설이 쏟아졌습니다.

"야, 이 XX. 네가 환장했구나. 이 XX가 어디라고 지금 방구석에 드러누워서 아직 연락도 안 하는 거야? 죽고 싶어서 미쳤니?"

3분쯤 욕설이 계속되었습니다. 수화기를 귀에서 뗀 채로 욕을 다 들었습니다. 드디어 마무리 짓는 말이 들렸습니다.

"너, 이 XX. 지금 당장 나와! 나와서 죽어. 기자실에서 죽으면 순직이고, 집에서 죽으면 자연사야. 빨리 나와. 나와서 바로 전화해."

그러고 나서 전화가 뚝 끊겼습니다. 그 선배 밑에서 경찰서를 출입하며 일을 익히기 시작해서 6년 동안 사건기자로 일했습니다. 그러는 동안에 선배가 되었고, 어느덧 나도 후배에게 그 선배와 똑같이 욕을 해 댔습니다. 3분 동안 숨도 쉬지 않고, 내게 욕하던 선배보다 더 심한 욕을 속사포처럼 퍼붓는 선배가 된 것입니다. 집에 들어가는 둥 마는 둥 하면서 그 자리에서 다시 3년을 버텼습니다. 하루가 멀다 하고 코피를 쏟았고, 눈에는 독기가 가득했습니다. 어찌나 독한지 사람들이 나와 눈을 마주치려고 하지 않았습니다.

덕분에 한 가지 얻은 것이 있습니다. 어떤 일을 해도 그때
보다 힘들지 않다는 것입니다. 목회 일이 만만치 않지만, 그때를
떠올리면 별것 아니라는 느낌을 갖습니다.

예수님도 죽도록
일하셨는가

예수님은 공생애를 시작하기 전에 평범한 목수이셨습니다.
예수님은 일터에서 어떤 일을 하셨을까요?

> 이는 그 목수의 아들이 아니냐 그 어머니는 마리아, 그 형제
> 들은 야고보, 요셉, 시몬, 유다라 하지 않느냐 마 13:55

> 이 사람이 마리아의 아들 목수가 아니냐 야고보와 요셉과 유
> 다와 시몬의 형제가 아니냐 그 누이들이 우리와 함께 여기 있
> 지 아니하냐 하고 예수를 배척한지라 막 6:3

당시 목수 일은 오늘날 건축노동자의 일에 가까웠습니다.
나사렛은 갈릴리 지역에서 가장 작은 마을에 속했습니다. 아마
도 예수님은 목수 일을 나사렛에서만 하시지는 않았을 것으로

추정합니다. 갈릴리 지역을 두루 다녔거나 적어도 갈릴리의 수도 세포리스에서 많은 시간을 보냈을 것으로 보입니다. 또 예수님이 20대 초반이었을 때쯤에 황제의 도시 티베리우스를 건축하는 대규모 공사가 시작되었으므로 그곳에서도 일하셨을 것으로 성경학자들은 추측합니다. 결론적으로 예수님은 공생애를 시작하기 전부터 강도 높은 육체노동에 익숙하셨을 것입니다.

그런 생애 배경을 생각하면, 예수님이 공생애 기간에 어떻게 그렇게 많은 일과 힘든 일을 감당하실 수 있었는지 이해됩니다.

예수님은 늘 부지런히 그리고 빈틈없이 일하셨습니다. 40일 금식을 하기도 하셨고, 늘 새벽에 일찍 일어나서 기도하고, 종일 쉬지 않고 일하기도 하셨습니다. 그만큼 다른 사람이 일하는 동기와 태도에도 민감하셨으리라 짐작할 수 있습니다. 무엇보다도 왜 그 일을 하는가를 가장 먼저 생각하셨을 것입니다. 예배를 드리거나 구제와 봉사를 할 때, 또는 기도하고 금식할 때도 "이것을 왜 해야 하는가?"라는 질문을 계속해서 던지셨을 것입니다.

겉보기에 하나님의 일처럼 보여도 자신을 위한 동기라면 그것을 꿰뚫어 보고 단호하게 지적하셨을 것입니다. 하나님을 위한 바른 동기가 아니라면 아무리 열심히 해도 소용이 없다는 것을 주저하지 않고 말씀하셨습니다. 이처럼 예수님은 일의 바른 목적과 동기를 결정하는 것이 곧 영성이라는 사실을 일깨워 주십니다.

회복을 위한 일은
안식이다

예수님은 한 걸음 더 나아가 안식일에 관해서도 독특한 태도를 보이십니다. 예수님은 일과 안식의 개념을 송두리째 바꿔놓으셨습니다. 안식일에 온 유대 백성이 아무 일도 하지 않는데, 예수님 혼자 마치 안식일 규정을 일부러 무시하거나 철폐하려는 듯 일하셨습니다. 예수님이 보시니 안식일은 이미 쉼을 잃었습니다. 일하지 말아야 한다는 율법 때문에 정작 쉼의 본질을 잃은 것입니다. 그래서 예수님은 안식일에 일하기로 결정하셨습니다. 일부러 안식일에 불치병을 고치는 일을 하셨습니다.

[16] 그러므로 안식일에 이러한 일을 행하신다 하여 유대인들이 예수를 박해하게 된지라 [17] 예수께서 그들에게 이르시되 내 아버지께서 이제까지 일하시니 나도 일한다 하시매 [18] 유대인들이 이로 말미암아 더욱 예수를 죽이고자 하니 이는 안식일을 범할 뿐만 아니라 하나님을 자기의 친 아버지라 하여 자기를 하나님과 동등으로 삼으심이러라 [19] 그러므로 예수께서 그들에게 이르시되 내가 진실로 진실로 너희에게 이르노니 아

들이 아버지께서 하시는 일을 보지 않고는 아무 것도 스스로 할 수 없나니 아버지께서 행하시는 그것을 아들도 그와 같이 행하느니라 요 5:16~19

예수님이 유대인의 명절에 예루살렘에 올라가셨습니다. 안식일에 베데스다 연못가에서 38년이나 일어나지 못한 채 자리에 누워 있던 병자를 고쳐 주셨습니다. 그는 만약 애타게 기다리던 물의 움직임이 눈앞에 펼쳐져도 그 물에 먼저 들어갈 가능성이 전혀 없는, 도저히 희망 없는 사람이었습니다. 병자로서 그 어떤 기대나 소망이 없던 사람이었습니다. 그런 절망적인 환자에게 예수님이 "일어나 네 자리를 들고 걸어가라"(요 5:8) 명령하시니 그 병자가 일어나 걷기 시작합니다. 그런데 이 광경을 지켜본 사람들이 그를 나무랍니다.

"오늘은 안식일이 아니냐? 그런데 왜 자리를 들고 걸어가느냐? 옳지 않다."

그가 자신을 낫게 한 이가 자리를 들고 걸어가라 했다고 대답합니다. 그러자 모든 비난의 화살이 안식일의 규례를 어기도록 명령하신 예수님께 향합니다.

"왜 하필 안식일에 병자를 고쳤소? 도대체 당신이 누군데 안식일 규정을 어기는 것이오?"

예수님이 대답하십니다.

"내 아버지께서 이제까지 일하시니 나도 일한다."

예수님의 말씀을 들은 유대인들이 격분합니다. 그들의 눈이 휘둥그레졌습니다. 안식일을 어긴 것도 괘씸한데 하나님을 아버지라고 부르니 더욱 견딜 수가 없는 것입니다.

이스라엘 백성은 하나님이 천지창조의 일을 엿새간에 마치고 일곱째 날에 안식하셨다는 성경 이야기를 근거로 누구나 안식했고, 안식일을 지키라는 십계명의 네 번째 계명을 따라 안식해 왔습니다. 성경을 정면으로 위배하는 듯 보이는 예수님께 받았을 충격과 분노는 상상 이상이었을 것입니다.

"예수가 도대체 누구인데 하나님의 명령을 어기는가? 어떻게 하나님의 말씀을 제 마음대로 해석한단 말인가? 하나님 아버지가 이제까지 일하신다는 얘기를 어떻게 그렇게 거침없이 할 수 있는가?"

예수님의 일과 쉼을 이해하지 못한 유대인들은 율법에 갇혀 안식하지 못했습니다. 요즘도 정통 유대인들은 안식일에 엘리베이터 버튼조차 누르지 않습니다. 그래서 안식일에는 엘리베이터가 층마다 다 멈추도록 미리 조치해 놓습니다. 심지어 가스레인지 불도 켜지 않습니다. 그것도 일이니까요. 지금도 그렇게 살고 있습니다. 예수님 당시에는 어느 정도였는지 이해가 되십니까? 그런데 예수님은 왜 이런 사회에서 불을 보듯 뻔한 갈등과 반발을 아시면서도 안식일에 일하셨을까요?

인자는 안식일의 주인이니라 하시니라 마 12:8

바로 예수님이 안식일의 주인이시기 때문입니다. 예수님은 일과 안식을 어떻게 구분하시기에 하나님이 명령하신 안식일을 지키라는 규정을 깨뜨리십니까?

예수님은 안식이란 회복을 뜻한다고 가르치십니다. 안식이란 거룩의 회복입니다. 회복을 위한 일은 곧 거룩하신 하나님의 일이며 노동이 아닌 안식이라는 것입니다. 병자에게 병이 낫는 것보다 더한 안식이 어디 있느냐고 물으십니다. 병든 이웃을 돕는 것보다 평안한 안식이 어디 있느냐고 따지십니다.

하나님이 모세에게 주신 십계명에 분명히 "안식일을 지켜 거룩하게 하라"(신 5:12)라는 명령이 있는데, 예수님은 왜 굳이 이 계명을 깨뜨리려고 하셨을까요? 원래 안식일 규정은 430년간 노예생활을 한 이스라엘을 광야로 불러내어 노예로서의 삶의 리듬을 깨뜨리고 자유민의 삶을 심어 주기 위해 주신 것입니다. 그래서 안식일에는 매일 아침 식탁에 올려야 할 만나도 못 거두게 하셨습니다. 그런데 세월이 지나면서 안식일 규정은 더 이상 쉼이 아니라 일상의 가장 큰 부담이 되었습니다. 예수님은 이 무거운 짐을 내려놓을 수 있도록 안식일의 진정한 의미를 되찾아 주셨습니다.

거룩한 안식이란 하나님과의 관계 회복입니다. 쉼의 본질은 회복입니다. 엿새간 자기중심으로 살던 삶에서 돌이켜 하나님 중심의 삶으로 회복할 것을 명령하신 것입니다. 어떻게 해야 중심이 회복됩니까? 자기 필요에서 벗어나 타인의 필요에 부응하는 것이 곧 회복입니다. 그래서 주일에 소방관이 화재를 진압하거나 의사가 응급 환자를 치료하는 것을 보고 왜 주일 성수하지 않느냐고 나무라지 않는 것입니다.

일에 사랑을 불어넣으라

예수님은 율법을 폐지하러 오신 것이 아니라 오히려 율법을 완성하러 오셨습니다. 예수님은 십계명을 하나로 통합하셨습니다. "네 마음과 정성과 뜻과 힘을 다하여 주 너의 하나님을 사랑하라. 그리고 네 이웃도 그렇게 사랑하라"고 하셨습니다. 율법의 본질이 사랑에 있음을 말씀하신 것입니다. 그러므로 사랑을 이루는 것이 곧 율법을 이루는 것입니다. 사랑하는 일을 멈추어서는 안 된다고 분명히 말씀하신 것입니다.

예수님은 불치병 환자들을 고쳐 주셨습니다. 불치병 환자들에게는 진정한 쉼이 없습니다. 항상 병에 매여 있는데 어떻게 쉴 수 있습니까? 예수님은 그 굴레를 벗겨 주심으로써 진정한 안식을 주셨습니다. 다른 사람에게 쉼을 주기 위해 자기 쉼을 포기하는 것이야말로 진정한 쉼이 아니겠습니까?

"하나님이 쉬신 적이 있더냐? 하나님이 피곤하여 아침에 해 뜨는 것을 잠시 멈추거나 몇 주간이나 휴가를 떠나서 대기에 산소가 희박해지게 한 적이 있느냐"고 예수님은 안식일의 율법 규정에 묶여 있던 모두에게 질문하신 것입니다.

사랑에는 쉼이 없습니다. 생명에도 쉼이 없습니다. 회복시키고 사람을 세우는 것은 일이 아니라 쉼의 범주에 들어갑니다.

예수님은 목수로서 누구보다 열심히 일하다가 서른 살이 되자 세례 요한을 찾아가십니다. 세례를 받고 성령에 이끌려서 광야에 나가 마귀의 시험을 받으십니다. 그곳에서 인간 본성의 유혹을 말씀으로 이기십니다. 그러고 나서 공생애를 시작하십니다.

목수로 일하던 때나 공생애 시절에나 쉴 새 없이 일하신 것은 마찬가지입니다. 그러나 예수님의 공생애를 통해 일하는 삶이 무엇인지 배울 수 있습니다. 예수님은 제자들을 부르실 때, 무슨 일을 해야 할지 가르쳐 주셨습니다.

"사람을 낚는 일을 해라. 사람을 세우는 일을 해라. 사람을 살리는 일을 해라. 영혼을 회복시키는 일을 해라. 이 일에는 안식일이 따로 없다. 쉼이 없고, 그침이 없다."

사실 예수님이 하신 일은 일이 아닙니다. 사랑입니다. 믿음입니다. 소망입니다.

오늘날 우리는 어느 때보다 풍족한 시대를 살고 있습니다. 물질의 관점에서 보면, 이보다 더 많이 가졌던 역사가 없습니다. 먹는 것만 해도 요즘 사람들이 조선 시대 왕들보다 더 잘 먹습니다. 뷔페식당에 가면 배가 고프지 않은데도 식욕을 억제하기가 어렵습니다. 차려 놓은 음식을 한 번씩 맛봐야 할 것 같은 부담감에 시달립니다. 그 정도로 모든 것이 풍족한데, 우리는 더 기쁘거나 더 건강하거나 더 인격적이 되지 않습니다. 많은 일을 해서 많은 것을 쌓았는데도 예전보다 더 나은 삶을 살고 있다는 확신이 들지 않습니다.

왜 그렇습니까? 일의 영성이 무너졌기 때문입니다. 일과 삶이 분리되고, 일과 가치가 분리됨으로써 인간은 노동으로 인해 소외되고 소진되는 존재가 되었기 때문입니다. 하나님은 회복을 원하십니다. 일로 인해 관계를 무너뜨리는 것이 아니라 일을 통해 관계를 회복시키기를 원하십니다. 우리가 하는 일이 더 이상 죽음을 부르는 일이 아니라 생명을 주는 일이 되기를 원하십니다. 예수님이 오셨기에 우리는 일의 참뜻에 눈을 떴습니다. 예수님이 오셨기에 우리는 쉼의 참뜻에 눈을 떴습니다. 그분은 우리를 진정한 일과 쉼으로 초청하십니다.

> ²⁸ 수고하고 무거운 짐 진 자들아 다 내게로 오라 내가 너희를 쉬게 하리라 ²⁹ 나는 마음이 온유하고 겸손하니 나의 멍에를 메고 내게 배우라 그리하면 너희 마음이 쉼을 얻으리니 ³⁰ 이는 내 멍에는 쉽고 내 짐은 가벼움이라 하시니라 마 11:28-30

세상 일이 쉽진 않지만 예수님과 함께 멍에를 메면, 일이 내게 기쁨이 되며 나 자신뿐 아니라 남도 회복시키는 생명의 사역이 될 것입니다. 일터에서 어떤 마음 자세로, 또한 어떤 동기와 중심을 가지고 일하느냐를 예수님이 항상 보고 계십니다. 일에 사랑을 불어넣으십시오. 자신을 위해 죽도록 일할 것이 아니라 이웃에 대한 관심과 배려로 일하십시오.

먹고사는 데서 자유로울 순 없지만, 주님과 함께 일과 영성의 균형을 갖춘 일터를 만들어 가십시오. 예수님이 베데스다 연못가의 병자를 일으켜 세우셨듯이 일터에서 누군가에게 생명을 전할 때 이웃의 회복이 일어나며 하나님 나라가 그곳에 임할 것입니다.

마이크로소프트의 빌 게이츠(Bill Gates) 회장이 하는 일을 보면 감탄스럽습니다. 돈을 쓰는 것이 참 감동적입니다. 자기를 위해 많은 일을 하다가 지금은 타인을 위한 공생애를 살고 있습니다. 정부나 국가권력이 하지 않는 일을 합니다. 돈 많은 사람이 수없이 많지만 부자들이 돈 쓰는 방식과 다른 방식으로 돈을 씁니다. 그의 부는 약자들에게 끊임 없이 흘러가고 있습니다. 그가 여전히 세상의 가장 큰 부자라는 사실이 조심스럽기는 하지만 세상의 부자들이 돈을 버는 목적이 공생애를 살기 위한 것이 되기를 바랍니다. 하는 모든 일이 생명의 일, 빛의 일, 소망의 일이 되기를 바랍니다. 영성이 없는 일은 생명도 빛도 소망도 없습니다. 일과 영성은 분리되지 않습니다. 언제나 하나입니다. 바른 영성으로만 바르게 일합니다.

1   일터에서 베데스다 병자처럼 소망 없는 지체를 만나면 어떻게 대합
니까? 그를 외면합니까, 무관심합니까, 도와줍니까?

2   다른 사람에게 쉼을 주기 위해 나의 쉼을 포기한 적이 있습니까?

3   일터에서 다른 사람을 세우고 생명을 전하는 공생애를 살기 위해
내가 실천할 수 있는 것은 무엇입니까?

4   사람이 선물입니다. 스스로 힘을 내고, 누군가를 일으켜 세우는 사
람이 되기 위해 기도하십시오.

13

사람 살리고 일 마치다

일터에서 사람들을 겪어 보니 대개 네 가지 유형으로 나뉘는 것을 볼 수 있습니다. 첫째, 죽자고 일에만 매달리는 사람이 있습니다. 아래위로 누가 상사고 누가 부하 직원인지 별 관심이 없습니다. 곁에 있는 동료에게도 큰 흥미가 없습니다. 자기 일만 잘하는 사람입니다. 둘째, 일에는 관심이 없고, 사람 챙기는 일에 몰두하는 사람이 있습니다. 경조사를 빠짐없이 챙기고, 누가 어려움을 겪고 있으면 반드시 얼굴을 내비칩니다. 그러나 일을 맡기면 제대로 해 내지 못합니다. 셋째, 두 가지를 다 못하는 사람이 있습니다. 넷째, 둘 다 잘하는 사람이 있습니다. 바람직한 유형이지요. 당신이 CEO라면 어떤 사람을 곁에 두고 싶습니까?

참된 영성은
일과 사람의 균형을 이룬다

열왕기하 1장 서두를 보면 북이스라엘 8대 왕 아하시야 왕의 이야기가 나옵니다. 악하기로 소문난 아합 왕과 이세벨의 아들로 그는 여로보암의 송아지 우상과 그의 모친 이세벨이 모시는 바알을 섬겼습니다(왕상 22:52~53). 아합 왕 때는 국력이 커져서 옆 나라에서 조공을 바쳤습니다.

해마다 새끼 양 10만 마리와 숫양 10만 마리의 털을 바쳐 온 모압이 아합 왕이 죽자 아하시야 왕을 배반했습니다(왕하 1:1, 3:4~5). 응징해야 마땅한데 아하시야가 사마리아 왕궁 다락 난간에서 떨어져 크게 다칩니다. 그 때문에 모압의 반란을 진압하지 못합니다. 중병이 든 아하시야가 에그론의 신 바알세붑에게 사자를 보내 자신이 나을 것인지 물어보려고 하자 선지자 엘리야가 분노했습니다. 그가 아하시야 왕이 침상에서 내려오지 못할 것이며 반드시 죽으리라고 신하들을 통해 왕에게 전했습니다(왕하 1:3~6).

신하들이 돌아가서 침상에 누운 왕에게 엘리야의 말을 전했습니다. 아마 아하시야는 화가 머리끝까지 났을 것입니다. 그가 오십부장과 부하들에게 명령하여 엘리야를 잡아 오게 합니다. 왕의 명령을 받은 그들이 산꼭대기에 올라가서 엘리야를 찾아냅니다.

그런데 이게 웬 날벼락입니까? 엘리야에게 "왕이 체포를 명하셨소" 하고 말했더니, 그가 순순히 응하는 대신 하늘에서 불이 내리도록 기도한 것입니다. 하나님의 불이 내려와 왕이 보낸 신하들을 모두 불살랐습니다.

엘리야는 원래 불의 선지자입니다. 과거에 아합과 이세벨에 맞서 갈멜 산에서 대결했던 사람입니다. 바알과 하나님 중에 누가 우상이고 누가 참신인지 가리기 위한 대결에서 엘리야는 물에 흠뻑 젖은 번제단을 하늘에서 내린 불로 단숨에 불태웠습니다. 그리고 바알과 아세라 신을 섬기는 거짓 제사장 850명을 도륙한 바 있습니다.

왕의 명령을 수행하러 갔던 오십부장과 부하 50명은 졸지에 화형을 당한 셈입니다. 이 소식을 들은 아하시야 왕이 두 번째 오십부장을 보냅니다. 이번에도 엘리야를 체포하지 못하고 모두 목숨만 잃었습니다.

왕은 어떤 사람입니까? 세상은 어떤 곳입니까? 군사가 도

합 102명 죽었습니다. 그러나 왕에게는 단지 숫자에 불과합니다. 그는 군사들이 죽는 것보다 자기의 권위를 지키고 부하들이 왕의 명령을 집행하는 것이 더 중요했습니다.

아하시야 왕은 자존심을 버리지 않습니다. 세 번째 오십부장을 또 보냅니다.

¹³ 왕이 세 번째 오십부장과 그의 군사 오십 명을 보낸지라 셋째 오십부장이 올라가서 엘리야 앞에 이르러 그의 무릎을 꿇어 엎드려 간구하여 이르되 하나님의 사람이여 원하건대 나의 생명과 당신의 종인 이 오십 명의 생명을 당신은 귀히 보소서 ¹⁴ 불이 하늘에서 내려와 전번의 오십부장 둘과 그의 군사 오십 명을 살랐거니와 나의 생명을 당신은 귀히 보소서 하매 ¹⁵ 여호와의 사자가 엘리야에게 이르되 너는 그를 두려워하지 말고 함께 내려가라 하신지라 엘리야가 곧 일어나 그와 함께 내려와 왕에게 이르러 ¹⁶ 말하되 여호와의 말씀이 네가 사자를 보내 에그론의 신 바알세붑에게 물으려 하니 이스라엘에 그의 말을 물을 만한 하나님이 안 계심이냐 그러므로 네가 그 올라간 침상에서 내려오지 못할지라 네가 반드시 죽으리라 하셨다 하니라 왕하 1:13~16

참고로 첫 번째, 두 번째 오십부장이 엘리야에게 전했던 말을 읽어 보십시오.

이에 오십부장과 그의 군사 오십 명을 엘리야에게로 보내매 그가 엘리야에게로 올라가 본즉 산 꼭대기에 앉아 있는지라 그가 엘리야에게 이르되 하나님의 사람이여 왕의 말씀이 내려오라 하셨나이다 왕하 1:9

왕이 다시 다른 오십부장과 그의 군사 오십 명을 엘리야에게로 보내니 그가 엘리야에게 말하여 이르되 하나님의 사람이여 왕의 말씀이 속히 내려오라 하셨나이다 하니 왕하 1:11

두 오십부장과 세 번째 오십부장 사이의 차이점을 주목하십시오. 세 명 모두 군인이었습니다. 셋 다 왕의 명령을 받았습니다. 셋 다 맡겨진 임무를 수행했습니다. 그런데 그중 둘은 죽고, 세 번째 오십부장만 죽지 않았습니다. 그는 어떤 사람입니까?

첫째, 왕의 명령을 제대로 수행할 수 있도록 하나님께 간구했습니다. 기록되지는 않았지만, 그가 하나님의 사람이었음을 알 수 있습니다.

둘째, 그는 겸손한 사람이었습니다. 그는 엘리야 앞에 공손히 무릎을 꿇었습니다. 왕의 체포 명령을 전하러 간 군인이 피의자 앞에 무릎을 꿇을 이유가 없습니다. 자기 권한과 지위를 먼저 생각하면, 사정해야 할 사람은 엘리야이지 그가 아닙니다. 그러나 그는 엘리야가 누구인지 알았고, 그래서 그 앞에 무릎을 꿇었습니다.

당시에 엘리야를 모르는 사람은 없었습니다. 앞의 두 사람도 엘리야가 누구인지 알았을 것입니다. 갈멜 산에서 있었던 떠들썩한 세기의 대결을 모를 리가 없습니다. 그러나 그들은 엘리야 앞에서 교만했습니다.

셋째, 그는 일보다 생명을 먼저 생각했습니다. 그에게는 사람을 살리는 것이 먼저였습니다. 그는 앞서 두 오십부장과 그 부하들이 몰살된 것을 봤습니다. 왕의 명령을 받아서 오긴 했지만, 자칫하면 목숨만 잃을 뿐 아무 성과도 거두지 못하리라는 것을 알았습니다.

세 번째 오십부장이 하나님의 사람이었다는 증거가 여기 있습니다.

여호와의 사자가 엘리야에게 이르되 너는 그를 두려워하지 말고 함께 내려가라 하신지라 왕하 1:15

205

여호와의 사자가 엘리야에게 세 번째 오십부장을 두려워하지 말고, 그와 함께 가라고 말한 것입니다. 엘리야는 기도의 사람이었습니다. 하나님은 늘 그의 기도를 들어주셨습니다. 그러나 하나님이 그의 기도만 들으십니까? 아닙니다. 오십부장의 기도도 들으셨습니다. 그리고 그의 기도에도 응답하셨습니다.

세 번째 오십부장이 앞의 두 사람과 다른 점이 무엇입니까? 그는 체포 명령을 전달하는 일을 해야 했습니다. 왕에게서 명령을 위임받았으므로 체포권을 마땅히 행사해야 합니다. 하지만 그는 그 일을 하지 않았습니다. 아마도 엘리야에게 무릎 꿇기 전에 하나님께 먼저 무릎을 꿇고 간절히 기도했을 것입니다.

"하나님, 어떻게 해야 부하들을 살리고, 선지자 엘리야도 왕 앞에 서게 할 수 있습니까? 저는 못합니다. 하나님이 해 주십시오."

그가 이렇게 기도하지 않았겠습니까? 그는 명령을 제대로 전달했습니다. 명령의 목적은 일이 완성되는 것입니다. 엘리야를 왕 앞에 데려오는 것입니다. 앞의 두 사람은 자신뿐 아니라 부하도 죽였지만, 세 번째 오십부장은 일도 해내고 생명도 살렸습니다.

성경을 찬찬히 읽어 보면, 엘리야에게서도 두려움을 발견할 수 있습니다. 두려움은 누구에게나 있습니다. 두려울 때 어떻게 하느냐의 차이가 있을 뿐입니다. 두려움에 두 손을 들고 마는 사람이 있는가 하면, 하나님께 두 손을 들고 두려움을 이겨 내는 사람이 있습니다.

엘리야는 갈멜 산에서 많은 거짓 선지자와 겨루어 이겼지만, 이세벨 왕비의 협박 한마디에 도망쳤습니다. 탈진한 나머지 하나님께 그냥 죽고 싶다고 기도할 정도로 어느 순간 엘리야도 보통 사람에 지나지 않았습니다. 사실 하나님이 보시기에는 별다른 사람이 없습니다. 다만 하나님 앞에 무릎 꿇는 사람과 사람에게 무릎 꿇는 사람이 있을 뿐입니다.

그 두 부류의 차이는 목적의 차이이자 우선순위의 차이입니다. 일이 목적입니까, 사람이 목적입니까? 돈이 먼저입니까, 사람이 먼저입니까? 늘 사람이 먼저이고 생명이 먼저입니다.

자기만 돈 벌겠다고 산업폐기물을 마구 버리다가 모두가 물을 못 마시게 되고, 모두가 숨을 못 쉬게 된 것 아닙니까? 60년대까지만 해도 우리나라를 금수강산이라고 했습니다. 어느 산에서건 어느 계곡에서건 물을 손으로 떠서 마실 수 있었습니다. 가을 하늘은 눈이 시릴 정도로 푸르렀습니다. 밤하늘은 별들로 가득했고, 별들 사이로 이따금 유성이 쏟아지곤 했습니다. 그러나 우리는 그 모든 것을 잃어 가고 있습니다. 일과 영성의 균형이 깨지면 세상의 모든 균형이 흔들립니다. 돈 때문에 마구잡이로 개발한

결과입니다.

일터에서 일만 잘하거나 관계만 잘해도 인사고과가 A나 B는 됩니다. 일도 잘하고, 관계도 잘 맺으면 S입니다. 그러나 둘 다 못하면 자리를 비워야 합니다. 참된 영성은 일과 사람의 균형추와 같습니다. 전후좌우를 살피는 안목입니다. 함께 일하는 사람들의 삶을 깊이 들여다보는 사랑입니다.

어느 CEO가 부서별로 직원들의 얼굴을 살펴보다가 가장 표정이 어두운 사람을 점심에 초대하여 대화를 나누고, 그의 고충을 들어주고 위로하는 일을 그치지 않았습니다. 그러고 나면 그 직원이 열심히 일하는 직원으로 거듭난다고 합니다. 게으르고 눈치만 보던 데서 벗어나 성실하게 일하게 된 것입니다. 이처럼 마음을 얻고 관계를 얻으면 일은 따라옵니다. 사실 마음을 얻으면 다 얻는 것입니다.

그렇다면 일터에서 영성이 필요한 까닭은 사원들의 헌신적인 직무 태도 때문입니까? 그렇지 않습니다. 그런 목적을 위해 일터를 종교적인 곳으로 만들기도 합니다. 이단종교단체들이 세운 일터는 예외 없이 교주 일인지배체제의 일터로 만들어 놓습니다. 진정한 영성은 언제나 일보다 생명이 먼저입니다. 실적보다 관계가 먼저입니다. 이 관계 속에서는 누구든지 윗사람이 될 수 있고, 동시에 아랫사람이 되기도 합니다. 이런 조직에서는 누가 진정한 리더입니까? 하나님 앞에 먼저 무릎 꿇는 사람입니다. 가슴 가득 하나님의 사랑이 차오른 사람입니다.

사랑의 영성으로
일터를 빛내라

우리는 일을 피해 살 수 없습니다. 평생 일하며 살아야 합니다. 그러니 일을 제대로 하지 못하고 죽으면 무슨 소용입니까? 세상에서 가장 어리석은 일이 죽도록 일해서 번 돈을 일하다가 얻은 병 고치느라 다 쓰고, 유산은커녕 가족에게 빚만 남겨 주는 것 아닙니까?

영성은 분별력이고 판단력입니다. 일과 영성은 반드시 함께 가야 합니다. 그렇지 않으면 하찮은 일과 가장 소중한 목숨을 맞바꿀 수도 있습니다. 그러므로 일중독도 모든 중독과 마찬가지로 해악입니다.

하나님을 떠난 탁월함은 내 생명을 더 빨리 갉아먹고 남의 생명도 더 많이 해칩니다. 그리고 그 탁월함은 모든 것을 희생시키는 일에 앞장섭니다. 하나님 앞에서 인생의 우선순위를 바로 잡고, 성경을 기준 삼는 진정한 영성이 아니고서는 일터는 단지 살벌한 생존의 마당일 뿐입니다. 돌이켜 보면 나도 직장에서 후배 기자들에게 말할 수 없는 고통을 주었습니다. 탁월함을 추구한다는 명분을 내세웠습니다. 그러나 그 때문에 직장은 일중독자를 양산하고, 일단 일중독에 빠진 가장은 의식하지 못한 사이에 자신의 가정을 망가뜨립니다. 아이들은 이유도 모른 채 아버지 얼굴을 못 보고, 아내는 남편과 시간이 흐를수록 타인처럼 지내게 됩니다. 영성을 잃어버린 일중독자의 열심이 전혀 의도하지 않았지만 자신과 가정과 사회를 파괴합니다.

예수님이 말씀하십니다.

사람이 만일 온 천하를 얻고도 제 목숨을 잃으면 무엇이 유익하리요 사람이 무엇을 주고 제 목숨과 바꾸겠느냐 마16:26

천하를 얻고 목숨을 잃은 사람이 있습니다. 알렉산더 대왕입니다. 그는 예수님과 같은 나이인 서른셋에 죽었습니다. 그가 죽을 때 유언을 남겼습니다.

"내 두 빈손을 관 밖에 내놓아라."

그렇습니다. 누구나 죽을 때는 빈손으로 갑니다. 그가 죽고 난 뒤에 로마제국이 넷으로 나뉘었습니다. 네 사람에게는 좋은 일이었겠지요.

예수님도 빈손으로 떠나셨습니다. 집 한 채 남기지 않고 떠나셨습니다. 심지어 가장 수치스러운 모습을 보이며 떠나셨습니다. 그러나 끝내 부활하셨습니다. 그 덕분에 부활 생명이 나 같은 사람에게까지 전해졌습니다.

예수님은 죽지 않는 생명, 영원한 생명을 목숨에 빗대어 말씀하셨습니다. 여기서 '목숨'으로 번역된 헬라어 단어는 프시케(Psyche)입니다. 프시케에서 '심리학'(psychology) 같은 단어가 파생되었습니다. 프시케의 뜻은 숨, 호흡, 영혼 등입니다. 그래서 이 구절을 "사람이 만일 온 천하를 얻고도 자기 영혼을 잃어버리면 무슨 유익이 있으리요"로 번역해도 좋습니다.

우리는 '영혼 없는 인간'이라는 말을 경멸조로 씁니다. 그렇지만 사실 주위에 그런 사람이 얼마나 많습니까? 일을 핑계로 사람에게 함부로 말하고, 함부로 손가락질하는 사람이 얼마나 많은지 모릅니다.

예수님은 생명의 가치, 영혼의 가치가 모든 가치에 우선한다는 것을 가르치기 위해 오셨습니다. 십자가에서 목숨을 버리면서까지 그 가치를 증거하셨습니다. 그리고 단호하게 말씀하십니다.

이에 예수께서 제자들에게 이르시되 누구든지 나를 따라오려거든 자기를 부인하고 자기 십자가를 지고 나를 따를 것이니라 마 16:24

주님은 일에 몰두하고 있는 사람들을 제자로 부르셨습니다. 그리고 그들을 일에만 빠져 있는 사람이 아니라 사람을 생각하고 생명의 가치를 우선하는 사람으로 만드셨습니다. 영성이란 무엇입니까? 영혼의 가치를 모든 가치에 우선하는 태도입니다. 생명의 가치를 무엇과도 바꿀 수 없는 가치로 인식하는 관점입니다. 왜 일합니까? 그 가치를 드러내기 위함입니다. 일의 목적은 사람을 살리는 데 있습니다. 사람을 죽이면서까지 일할 이유가 있습니까?

일이 먼저라고 주장하는 사람의 속내를 들여다보면, 많은 경우에 자신이 먼저라는 뜻입니다. 그 속에 자기 욕심이 먼저라는 고집이 버티고 있습니다.

일에 프로가 되십시오. 자기 분야에서 탁월한 능력을 드러내십시오. 그러나 전문성이나 탁월한 능력은 자신을 위한 것이 아님을 알아야 합니다. 죽도록 일만 하다가는 덜컥 죽습니다. 목숨을 걸어야 할 일이 무엇인지 증거하기 위해 탁월함을 드러내십시오.

진정한 탁월함은 사랑을 드러냅니다. 진정한 탁월함은 생명을 드러냅니다. 진정한 탁월함은 비전을 드러냅니다. 영성은 그 점에서 탁월함의 원천입니다.

일터에서 사랑받는 사람이 되십시오. 그리고 받은 사랑을 전하기 위해 일하십시오. 사실 영성이란 하나님을 사랑하는 것입니다. 그리고 사람을 사랑하는 것입니다. 나는 누구를 사랑하며 일하나 점검해 보십시오. 나 자신만 사랑하며 일하고 있지 않나 돌아보십시오.

사랑에는 실력과 영성을 함께 고양시키는 힘이 있습니다. 십자가의 사랑은 넘어진 사람을 일으키고 쓰러진 자를 되살리는 힘이 있습니다. 그리스도의 사랑은 상처 입은 자의 상처를 낫게 하고, 상처 주는 자의 상처를 치유하는 힘이 있습니다.

예수 믿는 것은 그 능력의 사람이 된다는 뜻입니다. 크리스천이 된다는 것은 그 영성의 사람이 된다는 뜻입니다. 예수님의 사랑이 영성입니다. 예수님이 곧 영성입니다. 날마다 예수님과 함께 출근하십시오. 날마다 그 일터가 예수님의 사랑으로 회복될 것입니다. 그 일터의 모두가 왜 한 사람의 크리스천이 이곳에 왔는지, 와서 무슨 일이 일어났는지를 깨닫게 될 것입니다.

1   일을 먼저 추구한 두 오십부장은 자기도 죽고 부하들도 죽게 했지만, 겸손한 마음으로 사람을 먼저 생각한 세 번째 오십부장은 일도 성취하고 부하도 살렸습니다. 나는 일을 진행할 때 무엇을 먼저 생각합니까?

2   일터에서 나의 별명은 무엇입니까? 그것이 나의 일하는 스타일을 어떻게 묘사합니까?

3

예수님과 함께 출근하고, 예수님과 함께 일하는 크리스천이 되십시오. 일터에서 사랑받고, 또 사랑을 전하기 위해 기도하는 시간을 가지십시오.

일과 영성은 하나입니다.

일터에서 더 사랑하십시오.
일터에서 아름다운 영성이 꽃피게 하십시오.
나머지는 하나님이 하십니다.

일과 영성에 관한
소소한 질문들

다음은 베이직교회 〈아름다운 동행〉 예배에서 나온 질문들 중에 〈일과 영성〉과 관련된 부분만 모은 것입니다.

Q 목사님이 상당히 바쁘신 데도 매일 페이스북 묵상글이나 트위터 글을 올리시는 게 대단하게 느껴집니다. 엄청 바쁘신데 어떻게 그러한 일까지 하실 수 있는지요? 비결이 무엇입니까?

바쁠 수밖에 없는 상황이지만 의식적으로 결단하고 바쁘지 않게 살아야 합니다. 바큇살은 돌아가지만 바퀴 중심이 고요한 것처럼 말입니다. 드러나는 삶의 외관은 바쁠지라도 중심이 바빠서는 안 됩니다. 중심이 고요한 사람은 겉으로는 힘들고 바쁜 것 같지만 마음이 바쁘지 않기 때문에 누군가에게 평안함을 줄 수 있는 것이지요. 예수님도 엄청 바쁘셨잖아요. 그러나 중심은 젖 뗀 아이같이 고요한 상태를 유지하셨기 때문에 육신은 피곤해도 마음은 피곤치 않으셨습니다. 그러나 마음이 요동하면 힘들어집니다. 그래서 몇 배나 지칩니다.

아침이나 밤에 혼자서 묵상하는 시간은 큰 도움이 됩니다. 하나님 아버지 앞에 잠잠히 머물 수 있는 시간, 나를 나보다 더 잘 아시는 분 앞에 자신을 열어젖히는 시간이 누구에게나 필요합니다.

Q 사람들은 "너희는 먼저 그의 나라와 그의 의를 구하라"(마 6:33)라고 하면 흔히 하던 일을 그만두고 신학교에 가는 것을 떠올리곤 합니다. 이것에 대해서 말씀해 주세요.

이스라엘 백성이 출애굽 할 때 애굽 사람들에게서 금은 패물과 의복 등 물품을 구하여 가지고 나왔습니다. 그것으로 광야에서 성막을 만들었지요. 한때 애굽 사람들의 소유물이었으며 그들이 좋아하며 즐겨 쓰던 물건들입니다. 성막의 재료는 다 애굽의 것이었습니다.

　이처럼 하나님 나라의 일은 세상 것을 가지고 해야 합니다. 자신이 하던 일을 그대로 계속하되 일에 대한 동기와 태도를 바꾸면 됩니다. 자기 자신을 위해서 일하는가 아니면 하나님을 위해서 일하는가의 문제입니다.

　그런데 눈에 보이지 않는 하나님을 위해서 어떻게 일합니까? 자신을 위해서 일하지 않는다는 것은 공동체를 위해서 일한다는 뜻입니다. 가장이 왜 돈을 법니까? 가족을 부양하기 위해서가 아닙니까? 남자들이 밖에서 온갖 수모를 겪어도 꾹 참는 것은 가족의 얼굴이 떠오르기 때문입니다. 성질대로 하면 그냥 사표를 던지고 나오고 싶지만, 사랑하는 가족을 위해서 자기 자존심을 죽이는 것입니다. 가족을 위해서 하는데 공동체를 위해서는 왜 못하겠습니까?

　우리는 세상의 불의에 분노하기도 합니다. 공동체의 선이 무너질 때, 그것에 대해 분노하지 않는다면 뭐하러 신앙생활을 하겠습니까? 이처럼, 신학교에 가서 목사가 되는 것만이 하나님 나라를 위해 일하는 것이 아닙니다.

　하나님을 사랑하여 하나님 나라를 위해 일하고 싶다면, 자신의 일터에서 진심으로 일하십시오. 성경 말씀대로 살고 싶다면 남들보다 더 열심히 일하십시오. 수요예배, 금요철야예배에

참석하느라 일에 소홀한 것보다는 맡은 일에 성실한 편이 세상에서 하나님 나라를 위해 일하는 것입니다.

영성은 목숨을 걸 때 생겨납니다. 목숨 걸고 바둑을 두면 바둑의 영성이 생기고, 목숨 걸고 골프를 치면 골프의 영성이 생기는 법입니다. 그러니 무슨 일이건 목숨 걸고 해야 합니다. 나는 젊은 시절에 세상의 방송국에서 열심히 일했지만, 목사가 되어서는 CGN TV(Christian Global Network Television)에서 목숨 걸고 일했습니다. 영성에는 그런 치열함이 있어야 합니다.

하나님이 주신 몸은 언젠가 세월 속에 스러지고 말 것입니다. 녹슨 채 스러질 것이냐 너무 많이 써서 닳아 없어질 것이냐의 문제인데, 닳아 없어지는 편이 낫지 않겠습니까?

Q 저는 식당을 운영하고 있습니다. 현재 주일에는 영업을 쉬고 있는데, 주일 영업을 고려하고 있습니다. 조언을 부탁드립니다.

'주일을 지킨다는 것', 즉 주일성수란 무엇입니까? 주일에 안식해야 하는 이유가 무엇입니까? 한번은 어느 식당에 갔더니 주인 부부가 언쟁을 벌이고 있었습니다. 무슨 일로 다투느냐고 물었더니 주일에 식당 문을 열어야 할지 말아야 할지에 대해 서로 의견이 달라서 종일 부부싸움을 하고 있다고 했습니다. 권사인 아내는 마땅히 쉬어야 한다고 생각하고, 남편은 주일에도 장사해야 한다고 주장한 것입니다.

부부 중에 한 사람이라도 마음이 불편한 일은 하지 않는 것이 좋습니다. 의견이 합쳐져야 합니다. 주일 영업에 관해 두 사람 모두 마음이 편안하다면 해도 좋지만, 한쪽은 마음이 불편하다면 안 하는 것이 좋습니다. 또 불편한 마음이 어디에서 왔는지 살펴야 합니다.

지인 중에 주일에도 영업하는 이가 있습니다. 그런데 그날 수입은 종업원들이 나누어 갖게 합니다. 주일만큼은 주인이 이익을 취하지 않습니다. 그런 방식의 영업은 괜찮다고 생각합니다. 반면에 주일에는 외식도 못 하게 하는 엄격한 교단이 있습니다. 그 교단에서는 주일 저녁에 교인들끼리 식사하면 계산은 월요일에 한다는 우스갯소리가 있지요.

하나님이 안식하는 날로 주일을 주신 이유는 삶에서 쌓이는 자기중심이라는 독을 해독하라는 뜻입니다. 주기적으로 해독하지 않으면 독성에서 헤어나지 못합니다. 안식은 곧 해독하는 시간입니다.

주님은 가장 의미 있는 쉼, 가장 가치 있는 쉼은 다른 사람을 회복시키는 일임을 친히 보여 주셨습니다. 주님은 당신 자신을 위해서 일하시지 않았습니다. 안식일에 일한다고 해서 얻을 유익이 없었습니다. 그런데도 고통받는 사람을 치유하셨습니다. 유대인들은 그것을 일로 봤지만, 주님은 진정한 안식으로 보셨습니다.

Q 주일에 일을 안 하면 그만큼 돈을 못 벌겠죠. 그런데 하나님이 왜 주일에 일을 하지 말라고 하셨을까요? 그건 우리가 제힘으로 먹고사는 존재가 아니라 하나님이 공급해 주시는 것으로 사는 존재임을 알게 해 주시려고 기회를 주시는 게 아닌가 생각합니다만….

어떻게 보면 하나님은 쉼을 강제로 훈련시키셨습니다. 광야에서 이스라엘 백성들에게 만나를 내려 줄 때, 안식일 전날에는 이틀분을 걷게 하셨습니다. 주중에는 이틀분을 걷어도 하룻밤 사이에 상해서 그다음 날 먹지 못하게 하셨습니다. 그러니 만나는 하루치밖에는 못 걷습니다. 그런데 안식일 전날에는 이틀치를 걷게 하십니다. 안식일에는 일하지 않고도 먹고살 수 있다는 것을 40년간 가르치셨습니다. 시간의 단락을 지어 쉬는 훈련, 그것도 철저히 쉬는 훈련을 시키셨습니다.

가나안 땅에 들어간 다음에는 안식일뿐 아니라 안식년도 갖게 하셨습니다. 6년 일한 다음에 1년 쉬는 것입니다. 밭을 갈 수 없습니다. 밭도 쉬어야 합니다. 외국인 노동자도 일을 시키면 안 됩니다. 철저히 법을 따라야 합니다. 왜냐하면, 그들은 애굽에서 400여 년간 노예로 살아오느라 한 번도 쉬어 보지 못했기 때문입니다. 쉼이 회복되어야 인간성도 회복되기 때문입니다.

나중에는 50년마다 희년을 허락하십니다. 49년간 누적된 경제적 불평등, 얽히고설킨 채권채무 관계, 엉망이 된 경제 질서를 완전히 원위치하는 제도가 바로 희년(year of jubilee)입니다. 희년이 시작되기 전 2년 동안은 일을 할 수 없습니다. 48년까지 일하고, 49년과 50년은 쉬어야 합니다. 50년째 되는 해에 모든 빚이 탕감되고, 새로 시작할 수 있습니다.

2년이나 일하지 못하는데, 백성들이 굶어 죽지 않았을까요? 굶어 죽는 일은 없었습니다. 신기하게도 하나님이 안식년 전에 6년째에는 2년치 소득을 허락하셨고, 희년 전에는 3년치 소득을 보장해 주셨기 때문입니다. 하나님의 놀라운 능력과 간섭을 보여 주신 것입니다.

지금도 하나님의 말씀을 지키는 자는 안식을 보장하시는

주님을 경험할 수 있습니다. 믿음으로 쉬면 주님이 그 믿음에 응답하십니다. 문제는 우리 믿음입니다.

Q 크리스천이 세상에서 부를 쌓아도 괜찮을까요? 주님의 비전을 품고 사업한다지만 마음속 욕심이 너무 큰 것은 아닌가 해서 염려가 됩니다.

미국의 석유왕 록펠러를 보십시오. 그는 엄청난 부를 쌓기 위해 나쁜 짓을 많이 하여 사람들의 비난을 받기도 했습니다. 그러나 생의 마지막에 부를 멋지게 흩음으로써 사회의 귀감이 되었습니다. 록펠러센터의 임대 수입금으로 뉴욕 시민의 수도세를 내는 등 재산을 사회에 환원한 것입니다.

우리가 기억해야 할 것은, 부를 쌓건 흩건 그것이 우리 소유가 아니라는 사실입니다. 쌓는다고 해서 죽을 때 가져갈 수나 있습니까? 쌓기만 한다고 해도 나무랄 일은 아닙니다. 쌓는 것처럼 보이지만 자기 것이 아니기 때문입니다. 결국은 다 쓰지 못하고 가므로 남은 것은 누군가를 위해 쓰이게 마련입니다.

곡식을 쌓아 둘 곳이 없어서 곳간을 더 크게 지은 부자 이야기가 성경에 등장합니다. 주님이 그에게 물으십니다. "어리석은 자여 오늘 밤에 네 영혼을 도로 찾으리니 그러면 네 준비한 것이 누구의 것이 되겠느냐"(눅 12:20).

30년, 40년 부를 쌓은 후에 대학을 세우고, 재단을 설립하겠다는 목적을 가졌다면야 누가 뭐라 하겠습니까? 그러나 오로지 자자손손 잘 먹고 잘살기 위해서만 부를 쌓는다면, 하나님이 언젠가 흩으실 것입니다. 사람의 생각과 상관없이 하나님이 그 부를 사용하실 것입니다. 우리는 선택해야 합니다. 부를 쌓아서 누군가에게 줄 것인지, 아니면 날마다 흩으면서 누군가에게 나누어 줄 것인지를….

Q 마음속에 숨겨진 욕심과 야망을
어떻게 분별할 수 있을까요?

자기 욕심을 스스로 분별해야 합니다. 주님 앞에 솔직해야 합니다. 주님은 속지 않으십니다. 초대교회에서 일어난 아나니아와 삽비라 사건을 보십시오. 하나님이 문제 삼으신 것은 돈의 액수가 아닙니다. 왜 절반만 냈는가도 아닙니다. 왜 하나님 앞에서 정직하지 못했는가의 문제입니다.

정직하게 기도하면 됩니다. "하나님, 저는 여전히 욕심이 많습니다. 할 수만 있다면 수십 억, 수백 억을 벌고 싶습니다." 차라리 그렇게 고백하고 나서 열심히 버십시오.

그런데 그렇게 벌어서 뭐 할 것입니까? 부를 쌓는 것 자체는 아무 의미가 없습니다. 무엇을 위해 쌓는가가 중요합니다. 무조건 쌓다가 돈에 압사한 사람이 한둘이 아닙니다. 인간은 자신이 쌓는 것에 짓눌려 살게 되어 있습니다. 너무 깊이 파고들다가 죽을 수도 있습니다. 돈만 파다가 돈더미에 깔리면 흙에 묻히는 것과 다름없습니다. 왜 깊이 파고, 왜 높이 쌓습니까? 목적이 분명하면 하나님이 도와주시겠지만, 목적이 부정직하면 쌓다가 무너지고 말 것입니다.

"나는 백 억쯤 모아서 보육원을 세우고 싶습니다." 내가 그만한 돈을 벌지는 못할 것입니다. 그러나 그것이 하나님의 뜻이고, 하나님의 일이라면 하나님이 하나님의 사람들을 보내 주실 것을 압니다. 하나님이 마련하신 재원이 모이게 되어 있습니다. 정말 기막힌 펀드레이징(fund-raising) 아닙니까? 부잣집들을 보십시오. 아들이 부자이지 아버지가 부자입니까? 부자는 돈을 모으는 사람이 아니라 쓰는 사람이라는 뜻입니다. 돈은 자녀가 씁니다. 우리에게 필요한 모든 것이 하나님 아버지께 있습니다.

옛말에 "개같이 벌어서 정승같이 쓰라"고 하지만, 개같이 벌면 개같이 쓸 뿐 정승같이 쓰게 되지 않습니다. 돈 버는 과정 자체가 하나님 앞에 떳떳해야 합니다. 그래야 기쁨이 있습니다. 죽어라 돈을 벌면 뭐합니까? 쓰기 시작할 때쯤 암에 걸리면 소용 없습니다. 돈 버느라 스트레스를 받아서 그런 것 아닙니까? 기쁘게 벌고, 기쁘게 쓰십시오. 직원들에게 임금을 짜게 주면서 교회 헌금을 많이 할 게 아니라 직원들에게 넉넉하게 주십시오.

성경은 분명히 "돈을 사랑함이 일만 악의 뿌리"(딤전 6:10)라고 했지, 돈이 일만 악의 뿌리라고 말하지 않습니다. 그러나 "나를 가난하게도 마옵시고 부하게도 마옵시고 오직 필요한 양식으로 나를 먹이시옵소서"(잠 30:8) 하고 기도하는 것이 지혜롭다고 말합니다. 왜냐하면, 돈이 너무 많으면 하나님을 잊어버릴까 걱정되고, 없으면 또 하나님을 욕되게 할까 봐 겁이 나기 때문입니다.

무슨 일을 하건 자신의 야망이나 욕심 때문인지 아니면 하나님의 뜻인지 분별하는 것이 중요합니다. 하나님의 뜻을 구하는 것이 직업을 선택할 때도 중요하고, 열심을 다할 때도 중요하고, 돈을 벌 때도 중요하고, 돈을 쓸 때도 중요합니다. 많은 사람을 구제해도 자기 이름을 내기 위한 것이라면 하나님이 누구를 위해 한 일이냐고 물으실 것입니다. 예배도 그렇습니다. 자신을 위한 예배가 있고, 하나님을 위한 예배가 있습니다. 하나님은 절대로 속지 않으십니다.

그러니 날마다 자기 내면을 점검해야 합니다. 동기가 향하는 방향을 점검해야 합니다. 이것이 신앙인이 해야 할 일입니다.

Q 다윗이 물을 쏟음으로써 관계를
얻었던 것과 같은 경험을 해 보신 적
이 있는지요?

일터는 사람을 얻으라고 주신 귀한 그물입니다. 나는 25년
간 한 직장에서 일하다가 신학 공부를 하느라 떠났는데, 사실 떠
날 때가 돼서 떠난 것이라고 할 수 있습니다. 어쨌건 예수님을
믿고 난 뒤로 직장 생활이 평탄치가 않았습니다. 여러 가지로 부
딪치기만 했으니 말입니다. 일터에서 그야말로 투쟁 아닌 투쟁
을 해야 했습니다.

당시 언론사는 소위 너구리 소굴이나 다름없었습니다. 늘
담배 연기가 자욱했습니다. 여기자들조차 담배 안 피우는 사람
이 극소수였습니다. 기사를 하나 쓰기 시작하면 끝날 때까지 줄
담배를 피우곤 했습니다. 그런 곳에서 금연 운동을 펼치느라 힘
들었습니다. 동료들을 설득하여 흡연실을 따로 만들었지만, 자
기도 모르게 담배를 피우는 기자들이 많았습니다. 그렇다고 싸
울 수도 없으니 난처한 일이었습니다. 게다가 앞장서서 술을 마
시던 내가 어떻게 하면 술 문화를 바꿀 것인가 고민하게 되었으
니, 참으로 어려운 시간이었습니다.

그런데 니고데모처럼 밤에 찾아와 인생 상담을 하는 동료

가 생기는가 하면, 업무상 원수가 된 사람들을 위해 기도하는 사람들이 생겨났습니다. 과연 누가 회사에 더 오래 남을지 겨루며 서로 시기하고 치열하게 경쟁하던 분위기에서 새벽마다 남몰래 동료를 위해 기도하다가 점점 관계가 회복되는 것을 목격하기도 했습니다. 정말 어렵고 힘든 싸움이자 지루한 투쟁이었습니다. 승패가 바로 나지 않을 뿐만 아니라 마치 날마다 지는 것만 같았기 때문입니다.

자기 자신과의 싸움에서 승리하지 않으면, 절대로 밖의 싸움에서 이길 수가 없습니다. 정작 중요한 싸움은 자기 안에서 일어납니다. 낙심하지 않고 자신을 다시 일으켜 세워야 하고, 말씀에 한 번 더 붙들려야 합니다. 그러니 믿음의 삶은 그냥 사는 것보다 몇 배나 더 힘든 싸움입니다. 거기서 믿음의 열매가 열립니다.

Q 예수님을 믿는다는 건 다윗이 물을 쏟은 것과 같은 결정을 하는 것인데, 좀체 쉽지 않습니다. 왜냐하면, 손해 보고 싶지 않거든요. 손해 보지 않으면서도 사람을 얻으려고 하기 때문에 오히려 더 어려운 게 아닌가 싶습니다. 직장에서 승리하는 삶을 사

는 것은 훨씬 더 어려운 삶을 사는 것
이라고 하셨습니다만….

　부정청탁 및 금품 등 수수의 금지에 관한 법률, 이른바 김영
란법 덕분에 지금은 청탁이 어려워졌지만, 사실 우리 사회는 줄
곧 청탁 사회였습니다. 부탁하지 않고 되는 일이 없었습니다. 그
런 가운데서도 무슨 일을 하건 꼭 필요한 사람이 되면 불이익을
당할 일이 적습니다.

　자리가 주는 영향력이 점점 미미해지는 세상입니다. 반면에
전문성의 영향력이 점점 커지고 있으므로 조직에서 승진하는
데 목매지 마십시오. 괜히 일만 늘어날 뿐 전문성을 쌓기가 훨씬
어려워집니다. 그런데 어리석게도 직위에 목숨을 거는 사람들이
있습니다. 빨리 진급하면 빨리 나가는 길밖에 없는데도 굳이 그
길을 가려고 합니다.

　한 걸음이나 반걸음 늦게 가더라도 실력과 전문성을 쌓으면
일터에서 꼭 필요한 사람이 되고, 영향력이 커지게 마련입니다.
하나님 앞에서 일의 영성을 추구하는 사람이야말로 이 시대에 가
장 크게 쓰임 받을 사람이라고 믿습니다.

Q 크리스천이라면 내가 있기 때문에
우리 공동체가 복되다는 말을 듣고
싶어 합니다. 그런데 사실 간단한 일
은 아닌 것 같아요. 내가 있는 곳을 복
되게 한다는 것이 무엇입니까?

믿음이 좋아야 믿을 수 있는, 즉 신실한 성품이 빚어집니다. 성품과 영성이 뒷받침되면 초조해하지 않아도 세상 사람들이 다 알아봅니다. 실력이 엇비슷하면 믿을 만한 사람을 발탁하게 마련입니다.

지인 중에 군인이 있는데, 중장으로 진급할 때 동기와 선후배 사이에 경쟁이 치열했다고 합니다. 다들 어떻게 해서든 줄이 닿는 곳에 로비했는데, 그분은 아무 데도 부탁하지 않았습니다. 그런데 그분이 유일하게 진급했다고 합니다. 왜냐하면, 모두가 청탁하니 어느 한 사람의 청탁만 들어줄 수가 없었기 때문입니다. 그래서 오히려 아무런 청탁도 하지 않은 한 사람이 뽑힌 것입니다.

인생의 코스를 잘 정해야 합니다. 디지털 사회에서는 먼저 시작하는 사람이 전문가가 됩니다. 늘 새로운 일들이 주어지기 때문에, 열정을 쏟으며 열심히 하면 그 분야에서 탁월하게 되는 것입니다. 전문성과 탁월성을 함께 추구해야 하는 세상입니다. 돈을 좇으면 피곤해서 못 따라갑니다. 돈이 따라와야지 사람이 어떻게 돈을 따라갑니까?

그러니 돈 얼마 더 준다고 선뜻 자리를 옮기지 마십시오. 스스로 택한 일이고, 경력을 쌓기에 꼭 필요한 일이라면 당장 돈을 덜 받으면 어떻습니까? 하나님 앞에서 정직하고 신실하게 살다 보면, 누가 봐도 하나님의 동행하심을 알아봅니다. 하나님이 그의 인생 모든 길을 준비해 두셨기 때문입니다.

사실 사람들은 대개 잘 속지 않습니다. 거짓말인지 바른말인지 알아챕니다. 모르고 속는 사람보다 거짓말인 줄 알면서도 속아 주거나 거짓말을 알아차리고 내치는 사람이 더 많습니다. 믿음에서 인격이 빚어집니다. 그러니 좋은 믿음으로 좋은 성품을 가꾸십시오.

Q 오늘 내가 얻을 이익을 포기한 덕분에 누군가 나를 위해 좋은 증언을 해 줄 수 있는 그런 삶이 된다면 좋겠네요.

왕이 된 다윗이 귀한 나무인 백향목으로 왕궁을 짓습니다.

그런데 가만히 생각해 보니 하나님의 전이 아직 천막이었습니다. 다윗이 선지자 나단에게 "나는 백향목 궁에 거주하거늘 여호와의 언약궤는 휘장 아래에 있도다"(대상 17:1) 하고 말하며 하나님을 위한 성전을 건축하고자 했습니다. 그러나 하나님이 오히려 그에게 "네가 어떻게 내 집을 짓겠느냐? 내가 네 집을 지어 주겠다. 영원한 집을 지어 주리라. 네 아들의 왕위를 영원히 견고하게 하리라" 하고 약속해 주십니다.

하나님 앞에서 바른 마음과 사랑만 품어도 주님이 이미 다 받았다고 말씀해 주십니다. 하나님은 마음의 중심을 보십니다. 그러니 주님께 뭔가를 드리려고 애쓰지 마십시오. 그보다는 하나님이 주시는 것을 제대로 받으십시오. 하나님은 무한히 주실 수 있는 분입니다. 우리가 하나님께 드릴 것은 아무것도 없습니다. 그저 하나님을 기뻐하고, 사랑하고, 자신보다 하나님을 더 중히 여기십시오. 이것이야말로 하나님의 마음에 꼭 드는 태도입니다.

하나님께 특별히 뭔가를 해드리려고 하기보다는 가정주부는 가사를, 직장인은 업무를, 모두가 자신의 일터에서 열심히 일하십시오. 빌린 돈이 있으면 제때제때 갚으십시오. 바른 영성으로 자기 할 일을 열심히 하면 하나님이 그것을 기쁘게 받으실 것입니다.

Q 일과 영성에 균형이 있어야 한다
고 하셨는데, 일과 영성은 반대 개념
이 아닌가요?

역설적으로 들릴지 모르지만, 대개 기업가들은 사람이 먼저라는 사실을 알고 있습니다. 작은 가게를 꾸리는 일과는 달리 큰 기업을 운영하는 데는 여러 인재가 필요하기 때문입니다. 결국, 경영이란 사람과 함께하는 일입니다. 사람이 살아야 일이 되지 사람이 죽으면 무슨 일이 되겠습니까?

그런 면에서, 미처 깨닫지 못하더라도 사람이 먼저인 것을 아는 것이 일의 영성임을 알 수 있습니다. 사람을 소중히 여긴다면 불량식품 같은 것을 팔겠습니까? 허영만의 〈식객〉에도 소개된 전주의 삼백집은 콩나물국밥을 하루에 삼백 그릇만 팔아서 유명해졌다고 합니다. 최선을 다해 만들 수 있는 양이 딱 그 정도이기 때문에 그것만 판다는 것입니다. 욕심 같아서는 물을 조금 더 부어서 오백 그릇을 만들고 싶지 않겠습니까? 그러나 이백 그릇을 포기하고서라도 가장 좋은 상태의 음식을 양심껏 제공하는 것이야말로 영성입니다.

사실 숫자가 질적 변화를 일으킵니다. 어느 정도까지는 수적 팽창이 필요하지만, 임계점을 넘어서 버리면 질적으로 저하

될 수밖에 없습니다. 왜냐하면, 관계가 손상되기 때문입니다.

우리는 후기 자본주의 시대를 살고 있습니다. 기존의 금융 자본주의를 대체하는 것이 무엇인가 모색하는 시기입니다. 이어령 선생은 생명 자본주의를 주창했습니다. 생명의 가치를 우선하는 자본주의입니다. 그분이 크리스천이 되고 나서 세상에 던진 화두입니다. 복음의 가치에서 출구를 찾지 않는 한 자본주의가 더는 지탱될 수 없다고 본 것입니다.

Q 사업하면서 대출 받지 않을 수가 없는데 성경에는 빚이나 대출에 관해서 무어라 말씀하고 있습니까? 대출은 하나님이 우리에게 허락하신 그릇을 벗어나는 일이 아닌가 하는 생각이 들기도 합니다.

사업가라면 빚이나 대출을 한두 번씩 받아봤을 것입니다. 사실 대출 없이 사업하기란 쉽지 않습니다. 그런데 많은 크리스천이 빚을 죄로 여기며 꺼림칙해합니다.

구약의 희년을 보십시오. 희년이란 빚을 탕감해 주는 해입니다. 50년 만에 한 번씩 모든 빚을 탕감해 줍니다. 얼마나 놀라운 경제 시스템입니까? 하나님의 경영 방식입니다. 희년은 '기쁜 해'라는 뜻입니다. 빚이 다 없어지고 원점에서 새출발할 수 있는 기회가 주어지는 것입니다. 왜 탕감해 주십니까? 인간은 죄에 눌려 살 수 없듯이 부채에 눌려도 살 수 없기 때문입니다. 빚을 지면 자유함을 잃습니다. 무슨 큰 기쁨이 있겠습니까?

빚을 져 본 사람은 압니다. 늘 마음이 불안하고 불편합니다. 열심히 빚을 갚아 나가는데, 어느 날 남은 빚을 탕감해 준다고 하면 얼마나 기쁩니까?

우리 사회는 끊임없이 대출을 권유합니다. 원하는 것이 있으면 빚을 내어서라도 사라고 부추깁니다. 대학생들조차 직장을 갖기도 전에 카드 빚에 빠지는 세상입니다. 가계 부채가 늘면 결국 나라 경제가 발목을 잡힙니다. 부채가 계속해서 늘어나면 어떻게 됩니까? 대물림까지 하게 됩니다.

대출을 권하고, 빚을 조장하는 사회의 기저에는 인간을 속박하는 영이 있습니다. 돈으로 인간을 얽어매는 것입니다. 평생 빚지지 않고 사는 것이 원칙이 되어야 합니다. 불가피하게 빚을 내야 하더라도 그야말로 현실적으로 갚을 수 있을 만큼만 내야 합니다. 그리고 하나님이 50년마다 희년을 정해 주셨듯이 상환 계획을 세워야 합니다. 계획 없는 대출은 무책임의 죄를 야기할 뿐입니다.

Q 가족이나 친구가 보증을 서 달라
고 합니다. 이웃을 사랑하라고 하셨
는데 보증을 서야 할까요?

성경은 "너는 사람과 더불어 손을 잡지 말며 남의 빚에 보
증을 서지 말라"(잠 22:26)라고 말합니다. 또 "타인을 위하여 보증
이 되는 자는 손해를"(잠 11:15) 당한다고 말합니다. 빚보증을 서
는 사람은 어리석다는 뜻입니다. 그러므로 크리스천으로서 이
웃을 사랑하는 마음으로 빚보증을 선다는 것은 어불성설입니다.
빚을 지지 않게 하는 것이 사랑입니다. 차라리 조건 없이 빚을
갚아 주는 것이 사랑입니다.

실제로 그런 크리스천들이 더러 있습니다. 누가 돈을 빌리
러 오면, 할 수 있는 한 얼마를 내어 돕는 것입니다. 큰 도움이
되지 않더라도 그런 삶의 태도를 가졌다는 것이 중요합니다.

할머니들이 주운 폐지를 비싼 값에 사들이는 크리스천 젊은
이의 이야기를 읽은 적이 있습니다. 할머니들이 폐지를 수십kg
이나 모아 봐야 고작 몇천 원밖에 벌지 못한다는 사실을 알게 된
두 젊은이가 일부러 몇 배나 더 비싸게 사서 그걸로 예술 작품을
만들어서 판매한다는 내용이었습니다. 참으로 탁월한 아이디어
에 탁월한 삶입니다. 사회적 성공보다도 가치 있는 삶을 추구하

기에 할 수 있는 일이 아닙니까?

이처럼 발상의 전환이 필요합니다. 디지털 경제가 그런 환경을 만들고 있다고 생각합니다. 기존의 많은 직업이 사라지고, 새로운 일거리가 생겨납니다. 그러니 지레 포기할 이유가 없습니다. 어쩌면 기성세대가 가질 수 없었던 엄청난 기회가 펼쳐져 있는지도 모릅니다. SNS를 활용하여 마케팅 비용을 따로 들이지 않고도 홍보하는 세상 아닙니까? 고정관념에서 벗어날 필요가 있습니다. 어떻게 해야 아이디어를 얻을 수 있을까요? 신앙 안에서 하나님께 지혜를 구하십시오.